教科书里没有的清史

胡忠良 著

中华书局

图书在版编目(CIP)数据

教科书里没有的清史 / 胡忠良著. —北京:中华书局,2010.5(2014.9 重印)

ISBN 978 - 7 - 101 - 07514 - 4

Ⅰ.教… Ⅱ.胡… Ⅲ.中国—古代史—清代—通俗读物 Ⅳ.K249.09

中国版本图书馆 CIP 数据核字(2010)第 141985 号

书　　名	教科书里没有的清史	
著　　者	胡忠良	
责任编辑	李洪超	
出版发行	中华书局	
	(北京市丰台区太平桥西里 38 号　100073)	
	http://www.zhbc.com.cn	
	E-mail:zhbc@zhbc.com.cn	
印　　刷	北京天来印务有限公司	
版　　次	2010 年 5 月北京第 1 版	
	2014 年 9 月北京第 3 次印刷	
规　　格	开本 /700×1000 毫米　1/16	
	印张 15¼　插页 2　字数 180 千字	
印　　数	14001-16000 册	
国际书号	ISBN 978 - 7 - 101 - 07514 - 4	
定　　价	28.00 元	

教科书里没有的清史

目 录

目录

录

故事人物

教科书里
没有的 清史

清初真假"明太子"疑案

这位"朱三太子"到底是真是假，已永远成为悬案。但这已不重要，关键是康熙帝已被层出不穷的"朱三太子"们搞得疲惫不堪了，他决定做个最终的了结。然而，康熙帝的最后决断，也未能终止"朱三太子"的惯性。甚至，到了雍正年间，在江南，又有人打着朱三太子的旗号在活动……

明崇祯十七年（1644年）三月，李自成大军兵临京城，崇祯皇帝见大势已去，便上吊于万岁山（今景山）寿皇亭。因担心城破后家眷受辱，临死前，他安排了一场家庭自杀悲剧。清人谷应泰《明史纪事本末》卷七九《甲申之变》载："（皇）后自经。上召公主至，年十五。叹曰：'尔何生我家！'左袖掩面，右挥刀断左臂，未殊死，手栗而止。命袁妃自经，系绝，久之苏，上拔剑刃其肩。又刃所御妃嫔数十人。"

崇祯帝自缢图

不过，崇祯帝动手屠残女性家庭成员之前，曾将三个皇子召入宫，令他们改穿民衣，同时叮嘱："万一生还，一定要光复社稷。"

然后命人送他们出宫。这三个仓皇逃出宫的皇子，后来果然成为清初朝廷几十年不安的心病。尤其是所谓"朱三太子"，还引发了清廷与江湖的几十年对峙与恩怨。

南北真假"太子"

先说太子慈烺。据清官方记述，明太子出宫后即被李自成所获，继而挟带到山海关，一片石战败后，消失于乱军之中。而吴伟业的《绥寇纪略》则记录了一条当时的传闻：李自成撤离北京西行时，有人亲眼看到太子"绯衣乘马"随往山西……

总而言之，自皇太子出宫后就没了确切消息。孰料，几个月后，南北两地几乎同期出现"太子"踪迹，于是搅得天下风生水起。

南明弘光元年（1645年）三月，一个自称太子的人在南京出现。经过南明的刑部与锦衣卫联合审讯，得知这个18岁的皇太子假冒者，名叫王之明，生于保定。由于长得像明太子，被南明鸿胪寺少卿高梦箕的奴仆穆虎等人利用并突击培训，出来冒充皇太子。南明朝廷迅速定谳，公布真相，甚至将审讯的记录文字，刊刻颁布天下。然而，公众对朝廷不信任，普遍认为是个阴谋。更为严重的是，南京以外的各地军政大员，如湖广总督何腾蛟、应安江楚总督袁继咸、宁南侯左良玉、靖南侯黄得功等手握重兵、小朝廷离不开的屏藩干城们，纷纷上疏，与廷议相抗争。

屏藩干城们旗帜鲜明的抗争，使事态变得复杂起来。后来，史可法站了出来，宣布这个南下的皇太子是个假的，舆情才稍安定一些。这个史可法，官拜兵部尚书，加东阁大学士，在朝在野都享有很高声望。他为了使自己的结论服众，解释说，他在二月份时，从北方线人那里得到了确切消息：北方曾出现了一个自称皇太子的人，清廷已将其杀害。线人甚至还抄了一张清廷摄政王多尔衮的告示寄给史可法。

史可法公开的消息，未能平息南方"太子"的风波，却揭出了北方"太子"一案。从官私两方的记载来看，北方"太子"案大致如下：

几乎在南方"太子"出现的同时，在北京，一个男子突然光临周奎府第，自称是前明太子。周奎不认，并将这个"太子"交给了当局。清廷很重视，立刻将其送交刑部会勘，并传唤有关人证。包括前明宫中太监、锦衣卫等当堂认证，都说是真太子。"太子"被收狱中的消息传播开来后，京城的士绅百姓纷纷上书，为"太子"辩护。为平息舆论，摄政王多尔衮亲自在便殿升堂垂问案子进展情况。在堂上，大臣们分为两派，争得不可开交。摄政王震怒，索性将这个"太子"杀了。

周奎是崇祯皇帝周皇后的父亲。

而在南明，由于藩镇的坚持，弘光帝朱由崧未敢擅杀"太子"，只好收禁于狱中。后来，左良玉以保护"太子"之名兴兵攻打南京，江北四镇又发兵救南京。内战之隙为清兵所乘，豫亲王多铎南下，几乎没遇到真正抵抗，南京失陷。据记载，当清兵南下，朱由崧逃出南京，那个狱中的"太子"还被众人救出拥戴过，后来，又被豫亲王多铎所得，之后竟没了消息。

谁是"朱三太子"

南北两"太子"疑案尚未尘埃落定，又蹦出了个前明的"朱三太子"，而且愈演愈烈。这个"朱三太子"一出现，即疑窦颇多。

首先，"三太子"之称，不伦不类。其次，崇祯帝自杀后，世传除太子外，尚有皇三子定王朱慈灿、四子永王朱慈焕在世。按皇子辈分排序，第三个皇子，也就是说朱家三皇子，应该是定王朱慈灿，而官家一直在追捕的"朱三太子"，却是朱家第四个皇子永王朱慈焕。最致命的是："朱三太子"主要活动于康熙时期，此时前明宫中旧臣纷已代谢，已无人能够为"朱三太子"验明正身。因此，虽多次拿获"朱三太子"，朝廷却始终无法判断真伪。

"朱三太子"最早出现在顺治八年（1651年），有人告发一个茶叶贩子是崇祯帝的三皇子。顺治十二年（1655年）二月十九日，漕运总督蔡士英奏告，江西南昌人朱周镇，号称"朱三公子"，假称三十场军门，"暗通海贼，潜谋叛乱"。第二年，清兵又在直隶拿获朱

"海贼"指台湾郑成功政权。

慈焯，此人自称是崇祯帝之子，亦欲举事抗清，后来被证明是假的。这些"朱三太子"事件，和当时的南北"太子"案以及与清朝相抗的南明及农民军相比，影响并不大。

"朱三太子"的隆重登场，应该在康熙十二年（1673年）。这一年十一月，吴三桂在昆明起兵反叛。为造舆论，他在《反清檄文》中以复兴明室为标榜，并为当年投降清廷作了辩护：当年他由于矢尽兵穷，"不得已歃血订盟，许房藩封"。他还编造了一个周、田二皇亲抱来先皇三太子"寄命托孤"的故事，来证明自己多年一直在韬光养晦，密图恢复。

这年十二月二十一日，康熙帝正式得知吴三桂起兵的确切消息。巧合的是，这天晚上，就在天子脚下的京师，一些人聚集在正黄旗周全直家中（今鼓楼西街），一场打着"朱三太子"旗号的起义正在紧锣密鼓地策划中。为首者叫杨起隆（一名杨起龙），他为人果敢，有谋略，而且还有文化。

康熙初年，京畿地区由于满洲贵族的圈地运动，以及"逃人法"的实施，八旗主奴、主佃之间的矛盾十分尖锐。杨起隆利用宗教（有人说是白莲教）为掩护，积极进行组织和发动工作。到康熙十二年时，已发展了以八旗奴仆、佃户为主的队伍约有千人。杨起隆看

天罗地网的搜捕

到形势大好，便决定起事。为壮大声势，他自称"朱三太子"，建年号"广德"，起义者称"中兴官兵"，以头裹白布、身束红带为标志，定于十二月二十三日五更时分，同时在"京城内外，放火举事"。

杨起隆准备起义的消息，当晚就被泄露，清廷开始抓人，杨起隆被迫决定提前起义。十二月二十二日，杨起隆在周公直家率先举火，起义者都披甲露刃。一时间，火光四起。镶黄旗鄂克逊途经鼓楼，见火势甚猛，登楼瞭望，甚是恐慌，急忙向兵部尚书明珠等报告。都统图海、祖永烈与副都统觉罗吉哈礼，亲率大兵包围周宅。杨起隆等持刀跃马，杀出大院，整个鼓楼西街成了寸土必争的战场。杨起隆等六骑，杀出一条血路，"斩关而出"。杨起隆的妻子马氏等数十人被捉拿。

康熙帝闻之极为震惊，为缉拿"朱三太子"，他下令关闭京师九门，大行抓捕，京师处于血腥恐怖之中。虽然密令诛杀了200余名起义者，然而，康熙帝最终还是没有捉到杨起隆。

接下来，"三藩之乱"期间，以"朱三太子"名义搅和的人和事突然多了起来。这些"朱三太子"，有山大王、有海盗，还有城市游民，但后来都被认定是假"朱三太子"。

阴魂不散的"朱三太子"

"三藩之乱"平定后，康熙帝又平定了台湾，社会渐渐安定下来。康熙帝开始展开对前朝皇室后裔的怀柔攻势，采取了修明陵、在公文中取消"故明"而称"明朝"等举措。康熙三十八年（1699年），康熙帝第三次南巡时，还亲自祭奠明太祖孝陵，题"治隆唐宋"额。但这一系列的怀柔之举后，康熙帝似乎没有得到意料中的前明皇室后人的回应

康熙帝御题明孝陵"治隆唐宋"碑

与互动。尤其那个"朱三太子",并没有感恩投降,而是在人间蒸发了！直到康熙四十六年（1707年）,康熙帝忽然又得到了"朱三太子"的消息。这年十二月苏州织造李煦密报,苏州有人起事,"以红布裹头,竖大明旗号"。

顺着这个线索,官府在浙江四明山地区将从事抗清活动多年的张念一等人逮捕,审讯中得到了"朱三太子"的下落。之后不久,"朱三太子"在山东汶上县被抓获。据清廷的审讯记录,这位75岁的"朱三太子"交代：

他是明朝后裔,名朱慈焕,是崇祯帝第四子,曾落入李自成军中,后流落南方,在凤阳被一王姓乡绅收养,遂从姓王。继而又出家为僧,后入赘浙江余姚县胡家。他改名王士元,人称王老先生。尽管有一个相对隐秘的保护网一直在暗中罩着他,但他还是不得不东躲西藏。因为,在躲避清廷缉捕的同时,他还要躲闪另一些人。这些人都是些江湖义士,他们亟需为自己的行动找面旗帜,而前明的皇子当然是最好的人选。他在一种半推半就的情况下被几伙人所拥戴过,比如大岚山的张念一团伙以及太仓的大悲和尚等。这叫他既害怕又为难。因此,他选择了躲避：先是躲到宁波府镇海县；后又将家眷迁到湖州府长兴县。但由于官府缉查日紧,他的一妻一妾、三个女儿和大儿媳都上吊而死,三个儿子、一个孙子也被收入监牢。他自己出逃后,改名张用观,跑到了山东汶上县做私塾先生……

康熙帝下令将"朱三太子"祖孙三代共七人押解京师。经九卿科道会审,认为崇祯帝第四子已于崇祯年间身故,又传唤明末老太监,结果

供词中,这位"朱三太子"反复强调自己早已无意继续与大清为敌。

康熙帝关于朱三太子案的朱谕

都不认识此人。因此判定此"朱三太子"为假冒。最后康熙帝下旨将这个"朱三太子"凌迟处死，其三个儿子斩立决。

这位"朱三太子"到底是真是假，已永远成为悬案。但这已不重要，关键是康熙帝已被层出不穷的"朱三太子"们搞得疲惫不堪了，他决定做个最终的了结。因为他早已发觉，"朱三太子"已成了民间与江湖上反清复明势力的一种号召、一面旗帜，他必须砍旗拔帜，不留后患。

然而，康熙帝的最后决断，也未能终止"朱三太子"的惯性。直至康熙六十年（1721 年），康熙朝最大的反抗起义——台湾朱一贵起义爆发，还是自称明朝后裔，打起"朱三太子"的旗号。甚至，到了雍正年间，在江南，又有甘凤池、周昆来、张云如等人打着"朱三太子"的旗号在活动……

清初"传国玺"造假案

实际上，那个皇太极时代的"传国玺"压根儿就是个假货。难怪当年皇太极搞"迎宝受宝"仪典时，没有让一个汉籍官员参加。后来，乾隆皇帝上台后，将当年造假的证据一劳永逸地销毁了。

"道存于器中"，是句很厉害的古训。在古代，新君王登极，总想方设法从前朝上代（最好直接是老天）搞到个祥瑞的礼器，否则便有名不正言不顺之嫌。

这种礼器，三代神话时期是"河图洛书"，商周时期是"传国鼎"，秦汉以后，便是"传国玺"。

皇太极像

中国两千多年封建社会朝代更迭，皇帝走马灯，每一个新皇帝都十分重视前朝"传国玺"的传承和授受。但这种"传国玺"的传承，脉络很乱，东汉以后，基本以造假为主。这种闹剧直到清初还上演过。

清人关前，只是山海关外的一个少数民族军事化的联盟，经太祖努尔哈赤及太宗皇太极两代人的努力，版图不断扩大，势力逐渐强盛起来。由于关内的明朝内外交困，气数濒尽，雄心勃勃的皇太极产生了入关取代明朝的欲望。要取代一个政权，谈何容易？除军事外，还要照顾到政治舆论。皇太极也很有些发愁，哪里去弄个"天降祥瑞"的"传国玺"呢？

清太宗天聪九年（1635年）征剿察哈尔的贝勒多尔衮得胜回朝，自称获得了一方元代的国玺。据说，这方"制诰之宝"是元顺帝被明朝赶进沙漠时所携带的宫中之物，后来不知下落。两百多年后，有人在山中放羊，发现羊三天不吃草，总是用蹄

清入关前制诰之宝印鉴

跑地，牧羊人好奇地在原地挖掘，得到了这块传国玺。后来，这方宝玺落入了元人后裔归化城土默特部博硕克图汗手中，而后察哈尔林丹汗得到。这块玺为玉质，交龙纽，其文为汉篆"制诰之宝"四字。

清太宗皇太极对此天降符命十分重视，举行了隆重的受宝大典。中国第一历史档案馆藏《清初内国史院满文档案》对此记述颇详：

天聪九年"八月初六日，秘书院甲喇章京鲍承先奏言：汗圣德如天，仁政旁达，天赐玉玺，乃非常之吉兆也。汗当急敕工部制造宝函。进献之日，汗率诸臣郊迎，由南门入宫，以应天眷。又以得玺之由，书于敕谕，缄用此宝，颁行满、汉、蒙古，咸知天命之攸归也"。

皇太极迎宝受宝仪式，场面很是宏大："初六日卯刻，汗出营迎出师诸贝勒，时出师诸贝勒率归降察哈尔汗之子额尔克孔果尔及诸臣从汗右侧驰马来见，汗率众人进前。御营南冈所筑御位上设黄案，

案上燃香，吹螺掌号，吹喇叭、唢呐。上率众拜天，行三跪九叩礼毕，汗还黄幄升座。出师诸贝勒设案，袭以红毡，以所得玉玺置于上，命正黄旗骑兵固山额真纳穆尔、镶白旗固山额真吏部承政图尔格依举案各一端，诸贝勒率众遥跪献汗毕，汗设案于黄幄前，案上陈香烛，汗受玉玺，亲捧之，率众拜天，行三跪九叩礼毕，汗复位，传谕两侧众人曰：此玉玺乃历代帝王所用之宝。于是，出师诸贝勒率诸臣遥跪，和硕墨尔根戴青贝勒进前跪拜，行抱见礼，次大贝勒，其礼如汗。"

盛大的迎宝受宝仪典结束后，官员们纷纷上奏，说："汗顺天意合人心，获兴师镇国之宝，祯祥已见，历数将归。"

通过这次受宝活动，皇太极心理上得到了加强。次年，他依照汉族王朝模式建号改制，建国号为大清，年号崇德，并正式采用"皇帝"称号。此后一段时间内他发布的许多文书上都用此宝。

奇怪的是，这方重要的"传国玺宝"，入关后突然停止了使用，所有文件上都改用满汉合璧文字的"制诰之宝"。到了清中期，乾隆皇帝钦定宫中二十五宝时，在所谓祖先所传的四宝当中，竟不见有这方"制诰之宝"。乾隆十一年（1746年），被清理出来的原宫中保存的清初宝玺都被送往盛京凤凰楼收藏，但是盛京"十宝"中也不

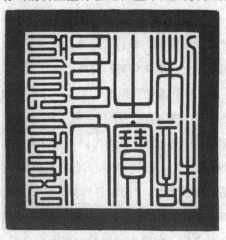

见有这方元代"制诰之宝"。

那方当年风光一时的"传国玺"哪里去了？一时朝野议论纷纷。

不久，乾隆帝忽又下旨从盛京"十宝"中撤去了"丹符出验四方"之宝，而换上了一方"制诰之宝"。朝野这才舒了一口

乾隆新镌制诰之宝印鉴

气，原来"传国玺"还在。

但这个送到盛京的青玉"制诰之宝"，后来被证明只是那方元代"传国玺"的仿制品，无论大小尺寸及宝文篆法都与那方元代"制诰之宝"大相径庭。

乾隆帝为什么这么做？先是"传国玺"忽然失踪，而后又使了个障眼法，搞了个赝品欺瞒天下？

实际上，皇太极时代的那个"传国玺"压根儿就是个假货。我们知道，元代皇帝宝玺沿用南宋的"八宝"之制，元代史书上不见有"制诰之宝"名目。历史上"制诰之宝"的出现是在明代。难怪当年皇太极搞"迎宝受宝"仪典时，没有让一个汉籍官员参加。

那么，当年那方"制诰之宝"究竟哪里去了？乾隆十三年（1748年）内务府官中《活计档》中，有这么一段记载："乾隆十三年五月二十二日，七品首领萨木哈来说，太监胡世杰交白玉制诰之宝一方（随锦盒一件，磁青纸金道册页一册，黑漆描金宝匣一件），传旨交启祥宫将宝上字磨去。钦此。于本月二十三日交司库郎正培持去讫。"

原来，乾隆皇帝将当年造假的证据一劳永逸地销毁了。

康熙密查江南女子买卖案的背后

关于密查一事，后来便没有了下文。既不见康熙帝立案，也不见有谁被处分。实际上，康熙帝叫王鸿绪密探骗买苏州女子一事，表明了他当时的一种心情，一种焦虑不安的状态。另外，也在于他自己也有所忌讳，说白了，他本人就是江南女子买卖的大客户之一。

前岁南巡有许多不肖之人骗苏州女子朕到家里方知今年又恐有如此行者尔细细打听九有这些事观乎密写来奏谕上事再不可令人知道有人知道尔即不便矣

康熙帝的密谕

江南自古出美女。在大清"盛世"康熙年间，江南女子的买卖案，还惊动了中央。

康熙四十六年（1707 年），康熙皇帝第六次南巡，到了苏州，突然给陪驾的工部尚书王鸿绪下了一道密谕：

前岁南巡，有许多不肖之人骗苏州女子，朕到家里方知。今年又恐有如此行者。尔细细打听……

这个王鸿绪，是当时少数几个有权上秘密奏折的"大内密探"之一。他接谕后，开始着手秘密调查。

通过调查，王鸿绪在密折中揭露了当时江南女子买卖的内幕。当时女子买卖十分流行，不但规模不小，且形成了一定的市场潜规则。买人者都"捏造姓名，虚骗成局。即卖女之父母，止到其包揽之家收受银两，一时也不能即知其买者何主"。被买卖的，多为 14 到 18 岁的年轻漂亮女子，甚至还有未成年者。买卖价格随行就市，漂

亮、薄有才艺的最为紧
俏。参与买女子者多是
商人与官员，其动机也
各有不同，有买来自用
为妾的，但更多是用来
送礼的，尤其多用于官
场方面。由于市场火
暴，"货源"紧张，良
家女子不够时，妓女也

清代江南美女

用来充数，更为奇怪的是还有娈童。当时的专业术语，男的叫"小
手"，女的叫"玉蛹"。

　　王鸿绪在密折中提到有一类人非常值得关注，就是皇帝身边的
随驾及地方迎驾的官员。除了康熙帝身边的几个侍卫外，还有个候
补金事道范溥，行迹十分诡秘。此人参与了迎驾活动，因为向康熙
帝进花，曾被赐给御箭，于是带着御箭到处招摇。范溥强买平民子
女时，都打着御前人员的旗号，因此谁也不敢贸然刨根问底；如果
女子的父母不同意，他就叫地方出具官文强买。这个范溥显然是个
大买家，曾一次就买了8个十三四岁的女子。除了女子，他还强买
娈童、妓女，而且从来没人知道他的下家是谁。查到后来，连王鸿
绪也有些担心起来，怕日后会受到打击报复，因为他查出范溥与中
央某官员有关，"平日引其结交侍卫及各王府以下杂色人等甚多"，
神通广大。

　　关于密查一事，后来便没有了下文。既不见康熙帝立案，也不
见有谁被处分，连那个范溥也安然无事。因此，关于康熙帝此次秘
密调查的目的，几百年来一直是个谜。

　　实际上，康熙帝叫王鸿绪密探骗买苏州女子一事，表明了他当
时的一种心情，一种焦虑不安的状态。

　　很可能，这次密查重要的不在于如何查处、如何惩办违禁的官

员，而是康熙帝想通过对这件事情的调查，洞悉身边人从中央到地方后的活动情况。而这一探查的结果，使康熙皇帝进一步确信了自己身边有"人"在暗中活动。

王鸿绪小密折

王鸿绪在密折中曾披露过一个细节：范溥曾对一个亲戚说他不想去迎驾，因为有汉官员对他不好，并颇为得意地回答说："不是太监，是御前第一等人与我通的信。"至于这个"御前第一等人"是谁，被查者打死也不敢说。

本次南巡，陪驾的皇子多达五人，分别是皇太子胤礽、皇长子胤禔，以及十三、十五、十六皇子等五位阿哥。前两位阿哥，已经成为了康熙帝的心病。尤其皇太子，很可能就是那个"御前第一人"。

当时，康熙帝与太子之间的矛盾已被天下议论。

康熙十四年（1676年），康熙皇帝效法历代立嫡长子为储君的皇位继承制度，颁谕立不足两岁的嫡长子胤礽为皇太子，并为他举行了隆重的册封典礼。为了把太子培养成合格的接班人，康熙皇帝可以说是煞费苦心，他不但亲自为太子讲解"四书""五经"，还选定张英、李光地、汤斌、熊赐履等名臣做太子的老师；除了让太子学习书法、满文、骑射等功课，还特意给太子安排各种锻炼的机会。但事与愿违，由于太子从小接受的就是"一人之下，万万人之上"的熏陶，阿谀之声充斥左右，不仅养成了骄矜跋扈的性格，而且在其周围逐渐形成了一个无形的"太子党"，这对尚在位的康熙帝形成了潜在的威胁。太子的外祖父——大学士、领侍卫内大臣索额图，也成为太子党的中坚力量，为太子出谋划策。

康熙皇帝早已隐约感到了太子的野心和威胁。康熙四十二年（1703年）五月，康熙皇帝借机断然决定，以"议论国事，结党妄行"的罪名,将索额图拘禁在宗人府,不久处死,以打击太子的党羽,削弱太子党的势力。然而,太子并未有所收敛,相反,对父亲的不满却与日俱增。康熙皇帝内心矛盾重重。

让康熙皇帝烦心的事情还不止于此。由于康熙帝与皇太子之间的矛盾已被人窥知,其他已长大、封王分府的皇子也纷纷加紧了活动,并且形成了各自的势力。此时的康熙皇帝已强烈地感觉到周围诸皇子编织下的关系网。各皇子的耳目随时观察着皇帝的言行,并悄悄地向外界透漏传达。而地方的官员各抱目的,利用南巡的机会巴结、勾引、讨好各皇子。王鸿绪在密折中曾提醒康熙皇帝,"但恐近来时候不同,有从中窥探至尊动静者,伏祈皇上密密堤防"。这句话说到了康熙帝的心坎上。

也就是在一年后,康熙帝第一次废黜了太子胤礽,其罪名之一,就是胤礽随康熙帝出巡时,曾潜近康熙帝外出时所居的幔城,"裂缝向内窥伺",使康熙帝惊惧不安,"今朕未卜今日被鸩,明日遇害,昼夜戒慎不宁"。可见康熙帝对同行太子的戒备。

另外,康熙帝之所以没有继续公开追究此事,也在于他自己也有所忌讳,说白了,他本人就是江南女子买卖的大客户之一。

康熙朝江南女子买卖入京成风,始作俑者还得说是康熙帝自己。

康熙帝对汉文化的崇拜,也影响他到对汉女子的偏好,而且还充

康熙帝行乐图

康熙皇帝对自幼册立并精心培养的太子仍然没有完全丧失信心,还寄希望于太子的幡然悔悟。

康熙帝忽然觉得自己变得如此孤独,走到哪里仿佛背后都有一双眼睛。

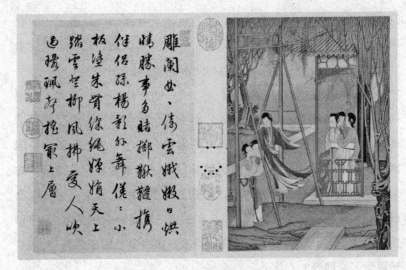

清宫汉仕女图咏

到自己的后宫。尽管据说顺治年间，紫禁城神武门内曾悬挂过孝庄太后的一道懿旨："有以缠足女子入宫者斩。"

西洋传教士马国贤《京庭十三年》中，曾记载了康熙朝汉族妃嫔们的生活情况。在热河避暑山庄，他近距离地发现了康熙帝有许多裹小脚的汉族嫔妃。他饶有兴趣地写到：

"有时候，陛下高高坐在一个形同宝座的位子上，观看他所喜爱的游戏，几个太监侍立于侧，宝座前方的毡毯上，聚集着一群妃嫔。突然，陛下将假造的蛇、癞蛤蟆及其它令人憎恶的小动物抛向妃嫔中间，她们跛脚疾跑，以求躲避，陛下看了十分开心。

"还有的时候，陛下佯装想得到长在树上的果实，于是让妃嫔们到附近的小山上摘取。在他的催促下，可怜的跛子们争先恐后，叫嚷着朝山上奔去，以致有人摔倒在地，引起他的开怀大笑。"

这些所谓的"跛脚"妃嫔，就是那些缠足的汉族女子，因为满洲妇女是不缠足的。

显然这些"跛脚"的汉妃们是十分受康熙帝宠爱的。因为《京庭十三年》中记载：有时康熙帝带着这些"跛脚"的嫔妃们去搞采摘，他会突然显得对某位汉妃十分渴望，于是就去追逐她，那个汉妃一边尖叫着，一边"跛脚"逃跑，直到被康熙帝按住，然后皇帝便开怀大笑，沉湎于游戏的快乐之中。

本次随康熙帝南巡的五位皇子中，15 岁的十五阿哥胤禑、13 岁的十六阿哥胤禄能够随驾，主要是因为其生母王氏的缘故。王氏是受封妃嫔中唯一生育了数位皇子的汉族女子，她自幼生长在苏州。也就是说，胤禑、胤禄，加上胤祄（因为尚不足 6 岁，故没有随驾南巡），都具有江南汉族血统。档案上未载王氏确否也随皇帝参加了此次南巡，想来应该也与皇子一同衣锦还乡了。

《红楼梦》中的"元妃省亲"应该是对此有所援引的。

除了宫中的汉族妃嫔外，康熙帝身边还有许多从事娱乐性工作的汉族女子，当然也包括汉人男童。这些女子，多是由内务府从江浙采买来的，由于保密性很强，只有少数人参与其中，江南三织造当然是最主要的执行者。

康熙三十二年（1693 年）十二月，苏州织造李煦曾密奏：

> 窃臣庸愚，叠荷恩纶，揣分难安，益深惶悚。昨蒙佛保传谕温旨，倍加歉疚。念臣叨蒙豢养，并无报效出力之处，今寻得几个女孩子，要教一班戏送进，以博皇上一笑。切想昆腔颇多，正要寻个弋腔好教席，学成送去，无奈遍处求访，总再没有好的。今蒙皇恩特眷，着叶国桢前来教导，此等事都是臣力量做不来的。如此高厚洪恩，真竭顶踵未足尽犬马报答之心。今叶国桢已于本月十六日到苏，理合奏闻，并叩谢皇上大恩。容俟稍有成绪，自当不时奏达。谨奏。

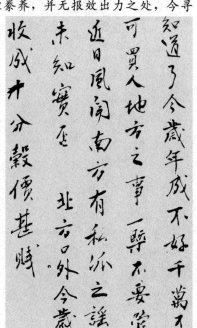

康熙帝谕李煦不可买人

奏折中提到"寻得几个女孩子"，

当然就是买卖了。用内务府的话说，就是"采买"。至于如何采买，大约也就与王鸿绪密折中所揭露的范溥及御前侍卫所做的一样了。

当然，这一切都是在秘密中进行的。

洋美女逛街起争端

上世纪 70 年代，那时"文革"还没结束，整天不是反美就是反修，突然见到大街上走来了外国美女，几个瓜娃儿极度兴奋，可以理解。如果再往前一百多年，大清国时代，那就不是几个刺青少年的大惊小怪的事，而是严重的外交事件了。道光十年（1830 年），在广州发生过一次洋妇逛街事件，几乎让鸦片战争提前了十年开战。

道光十年（1830 年）十月四日，英国东印度公司驻广州的大班盼师（William Baynes）偕同几个外国女人从澳门来到广州，坐着绿呢小轿，大摇大摆地住进了商馆。此后，一连几天，在盼师夫人带领下，几个穿戴时尚的外国女人坐着绿呢轿，到处观光。当时在广州居住的美国商人亨特在《番鬼在广州》一书中记载：

1830 年是外国人在广州的生活史中前所未有的一年，这年 10 月，有几位英国和美国妇女从澳门来到商馆。她们当中，英国商馆主任盼师的妻子是最美丽的一个，她的穿戴全是真正的伦敦时装。每晚在美国商馆一号领事塔尔拔的家里，参

东印度公司大班和他的家人

加礼拜。到场的有妇女和先生们多人。到九点半钟，我们陪妇女们到外面街道上参观街道——旧中国街（当时最繁华时髦的十三行街）。这时商店都已关门休息了，但是几个路过的中国人见了她们，忽喊起来："番鬼婆！"于是第一家的大门立时打开，有灯笼照出来，在不到十分钟的时间，我们已经完全被包围，于是不得不赶紧退却。我们并未受到任何骚扰，因为这不过是过于惊异与好奇而已，及抵达行馆门口，每一个人都悄悄地散去。……官员们被洋人这突如其来的公开越轨行为弄得不知所措，四处张贴告示，重申禁令。即使是世界末日，当局亦不会比这更为惊惶。

很快，这件事就被报告到了中国官府。中国官方很震惊，因为夷人私带家眷入广州，以及私自坐轿入商馆，都是中国官府明文规定禁止的。两广总督李鸿宾亲自过问，谕令广州知府，转饬行商首领伍受昌，令外商女眷退回澳门，不许在省城广州停留，同时禁止夷人乘坐肩舆（轿子）。

盼师大班收到了公文，但并不领会中方提出的交涉，他和夫人等也没有回澳门。过了六天，李鸿宾再次重申前令，下布告斥责近年来夷人逐渐越轨，责令行商、通事严加管理约束。而英国商人雅各等，也拿着商行通事翻译的汉字禀帖，亲自跑到靖海门外，表示外商留在广州商馆，有时一住就是半年，如果不准带家眷，实属不人道云云。

李鸿宾对洋商的抗议禀帖不予理睬。他认为盼师一再抗命，将夫人留在商馆住了半个月之久还不离去，便又命广州知府召见行商首领伍受昌，面传总督严谕，如两三天内，盼师仍不遵命将夫人送回澳门，将派官兵进入商馆，实施驱逐。

盼师听到了消息，觉得事态严重，也有些着慌，为了防范万一广州府派兵来驱逐，便立即向驻于虎门外的英国军舰请求保护。英军派了水兵百余人，携带轻便枪炮，黉夜在商馆码头登陆，实施布防，保护商馆。

因为外商是不许无故进入广州城的，因此禀帖只能在城门口呈递。

广州商馆码头

就这样两相对峙，"番妇"问题使中英剑拔弩张，大有一触即发之势。还好，这些英国水兵重在保护，不敢贸然动武。李鸿宾得知英兵入商馆事，亦不愿扩大事态，自然也没派兵实施驱逐。

实际上，双方都不愿意把事态弄僵。广东官员怕涉外事件激化，难以向朝廷交代，于是急忙派行商疏导。英方也因百余人的武装根本不可能与中国军队抗衡，更由于贸易所系，利之所在，便首先让步，向中国官府报告了派兵保护商馆的原因，并说如果中国官方肯保障商馆安全，水兵和枪炮自当撤去。在得到李鸿宾的保证后，英国水兵撤回兵舰去了。

水兵撤了，但盼师夫人并没有立即回澳门。行商首领伍受昌禀报总督，"盼师素患痰疾，屡发未愈，现需番妇调护，恳俟稍愈，遣令回澳"，这当然是种托词。其实，外国商人还是照常开 party。

水兵撤走一个多月后，盼师夫人等在商馆已住了 57 天，她们玩够了，才动身回澳门。还好，八天后，按兵不动的广州官方，才正式奉到京城军机处发来的廷寄："向例番女不准来省居住，夷商不准乘轿进馆。其携带鸟枪、炮位，止系外洋备防贼盗，尤不得私运入城。庆保（广州将军）等务当严究晓谕，令其遵守旧章，嗣后不得

亨特在书中记载道："中国称我们为夷人（Barbarians）实在有点道理。有两三位来自第二号里的先生来拜访女士们，大礼服、手套、大领花——那么少见的大领花！我听其中一位回来时这么说：谢天谢地，这事总算过去了！于是他点起一支雪茄，好似心上放下重担一般。夜晚在塔尔拔家里晚餐，不用说，全是单身汉，这是个很不错的小小聚会，我们似乎多喝了几杯。"

稍有违犯，致干禁令。倘仍敢延抗，即当设法驱逐，示以创惩，亦不可迁就。总须酌筹妥办，于怀柔之中仍不失天朝体制，方为至善。"

庆保与李鸿宾奉旨后，再查这些"番妇"，她们业已离开广州。

"番妇"不准进广州城、"夷商"不准乘轿入馆，是大清先帝立下的规矩。

18世纪前后，全球性的航海贸易不可避免地波及到中国。一时间，富饶的中华帝国成为传奇与时尚的代名词，引得外国贸易商船纷至沓来。来华商船回程获利一般都高达200%以上，开往中国的船只就意味着财富。面对势不可挡的海上贸易狂潮，心胸比较开阔的康熙帝，审时度势，决然解除持续300余年的海禁，创立粤海、闽海、浙海、江海四大海关，作为外国商船来华贸易的指定地点，这是中国历史上正式建立海关的开始，也是清朝海疆政策的一次历史性转变。

乾隆二十二年（1757年），大清国正处于乾隆盛世。这一年，乾隆皇帝突然宣布："口岸定于广东，洋船只准在广东收泊贸易。"清廷把中西贸易全部聚集在南国边陲，沿海其他三个海关对西方商船关上了大门。措施强硬，态度异常坚决。

在海外贸易蓬勃发展的时候，走向全盛的清政府为什么要对西方世界关闭口岸呢？主要原因是，乾隆帝自大地认为中国不用依靠外贸就足以自足，另一方面，也是为了警惕外国势力对大清的渗透。而一桩轰动一时的"外洋通商案"，成为清廷做出这个决定的直接原因。

18世纪，中英贸易为英国和它的殖民地印度提供着每年500万英镑的进账，高风险、高回报的对华贸易，极大地刺激着"愿为可能获得的利润冒最大风险"的英国人。英国东印度公司商船都选择到广东的粤海关贸易，形成了固定的贸易路线和通商惯例，来华船只与日俱增，贸易数字在直线上升。为了开拓贸易，乾隆二十年

（1755 年）六月，英国东印度公司派出英国的第一位"中国通"，开始到浙江沿海投石问路。这位英国人在广州贸易多年，通晓汉语，熟悉行情，汉语名字叫做洪任辉（James Flint）。他偕同公司大班汉森，乘船直抵浙海关宁波口岸。宁波在康熙年间是开放的口岸，后来因海岸滩浅水急和商人资本薄弱，被英商逐渐放弃。英船久不北上，忽然闯入海滨要地，乾隆帝最直接的反应就是对浙江海防的忧虑。

为阻止英船北上，乾隆帝采取了一种折衷的方案：不宣布禁令，而是提高浙江关税，让外商无利可图。奇怪的是，浙海关税额的增加并没有吓跑英国商人。不久，乾隆帝得到信息：英商宁可多交税也要到浙江贸易。

为处理浙海关事宜，乾隆帝将熟悉广东外贸的两广总督杨应琚调任闽浙总督。杨应琚接连上了两份调查报告，认为浙江不比广东有虎门之险可守，浙江海面辽阔，洋船扬帆就可以直达腹地。奏报中不无担心：洋船高大如屋，来去无常，尤其是船上装载炮械，云集天朝商港，这对于沿海清军水师是个巨大的威胁。乾隆帝当即朱笔批示："所见甚是。"然后分别密谕两广总督李侍尧和闽浙总督杨应琚："口岸定于广东，洋船不得再赴浙省。"乾隆帝认为以后唯一可以对外开放的只有广州粤海关。

接下来，英国商船在浙江被逐，清朝沿海官兵处处设防，英商必须按照老规矩回到广州贸易。

但是，事情并未了结。乾隆二十四年（1759 年）七月，一艘三桅小洋船"成功"号出现在天津大沽海口，英国东印度公司派洪任辉（自称四品官员）北上京师，向清廷控告粤海关腐败勒索和广州洋行垄断贸易；并请求开放门户，自由贸易。

一个西洋人胆敢跑到天津来告大清帝国海关的状，乾隆帝十分震惊。他召开军机大臣会议，决定派官将洪任辉从陆路押解回广州，福州将军新柱从福建省前往广州，会同两广总督李侍尧一起在广州会审。

这就是给大清国的海疆政策带来划时代变动的"一口通商"上谕。

这场洋人控告案最后的结果是，双方各打五十大板，粤海关监督李永标被撤职查办和抄家流放，洪任辉以"勾串内地奸民，违例别通海口"罪，被遣送澳门圈禁三年。为洪任辉起草状文的四川人刘亚匾，以"教授夷人读书，代作控词"的罪名，被斩首示众。

洪任辉案结束后，清廷便把外商作为重点防范对象。两广总督李侍尧提出了一个"防范外夷"的规章得到朝廷批准，这成为开海贸易之后，清朝第一个全面管理外国人的正式文本。李总督的这个《防范外夷规条》，通常被称为"防夷五事"，其中第一、二两款，都是限制外商的行动和私生活的内容，也反映了乾隆帝的强硬政策。

广州开埠之初，洋妇就和枪炮一样被拒之城外，当时远涉重洋而来的西洋妇女都暂时生活在船上。乾隆十一年（1746 年）开始，两广总督准许"番妇"居住澳门。此时正处于四口开放时期，也就是说，清廷在实行"一口通商"之前，就已经厉行对外国妇女的查禁制度。

早在乾隆十六年（1751 年），就有荷兰人携带番妇一名、番女二名，到广州瑞丰洋行居住，被广州官方发现后，饬令将该番妇番女移到澳门去住，俟开船时带领回国。为杜绝今后再发生类似事情，广东布政使饬令洋行大班："嗣后夷船到澳，先行检查，如有妇女，即令就澳门寓居，否则进口之后，夷人船货一并驱回，接待行商亦予重处。"乾隆三十四年（1769 年），又有英国番妇到广州，亦被押往澳门，出示禁止。

把洋妇与枪炮等同看待，在今天看来非常荒诞。那么，清政府为什么要长期奉行防范外国妇女的政策呢？

首先是出于一种戒备心态。西方妇女那没有裹缠的天足，那胸部暴露过多的服装，那随意同男人握手、拥抱的动作，与中国传统礼教中男女授受不亲的古训水火不相容。她们进入口岸，势必伤风败俗。清政府要用隔离的措施，控制"奸邪"的渗透。

其次是出于限制外商的需要。禁止洋妇入城，以防止外商在省城安家落户。没有温暖稳定的家庭生活，有意地造成两地分居，必然让外商对定居广州产生反感，也就不用担心他们长期滞留下去了。清政府采取这种制裁措施，让决心在广州发财的洋人付出代价，实际上，这也正是清廷故意想让那些外国人知难而退而设下的樊篱。

当然今天看来，禁令女眷同往，的确有些不近人情，让居住广州的男性"洋光棍"们十分苦恼。

18世纪的西洋妇女

亨特在《旧中国杂记》中记述道：这些广州的外国人，都成了身不由己的修道士，女人的声音，对他们来说，简直是一种奢侈品。

是案子总得有个了结。当事人盼师夫人走了，盼师本人也回了澳门，朝廷只好找相关人来说事，那个送绿呢小轿与洋人的谢五做了替罪羊。

谢五即谢治安（五爷，Wooyay Quintus），福建诏安人，是东裕洋行的司事。他是东裕洋行行商谢棨华——"嘉官"（Gogua）的叔父，"老嘉官"谢嘉桐之弟。

当时广州有十三行，专为洋商在华的买办。"官"是外商对这些人的昵称，当然，他们做生意赚了钱，通常也会捐个官职。比如浩官（Howgua）是怡和行的伍敦元，茂官（Mowgua）是广利行的卢观恒等。亨特《番鬼在广州》书中曾提到盼师夫人到广州后，几个男性洋商去拜访她们，"将当地许多闻人如浩官、茂官、嘉官等人的事情，形容给她们听。她们从未听过这一切，这些姓名也使她们听了，感到莫大的兴趣"。

谢五很可能是为了家族而豁出了老身的。他十一月初被传拘监禁，罪名是：交结夷商，私送绿呢小轿。当时按级别来说，绿呢小轿为普通官员所乘，谢五曾以监生加捐州同职衔，显然应该是他自己的轿子。将自己的官轿给夷商来坐，麻烦自然不小。

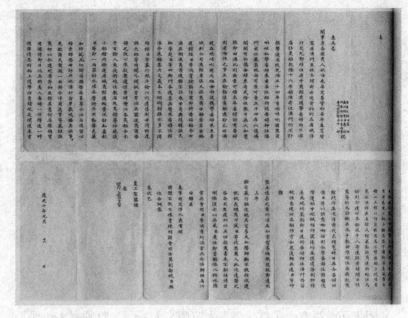

李鸿宾奏折

经合议，总督李鸿宾与巡抚朱桂桢这样结案："今谢五即谢治安，充当东裕洋行司事，辄与夷商交结；且明知夷人向不准于省垣乘轿，该犯故违禁令，私行送给肩舆，希图买卖赚利，殊属藐法。照交结外国买卖诓骗财物发边远充军例，发往伊犁充当苦差，以示惩儆。"而主要当事人东裕洋商谢嘉桐、谢棣华父子，却因"非知情，应勿庸议"，逃过了一劫。

奏上报行，朝廷认可。就在此时，谢五已在狱中瘐毙。案子也小而化之于无了。

可是，一些明眼人却心事重重。道光十一年（1831年）三月，"留心夷务"的工科掌印给事中邵正笏，给皇帝上了个"广东贸易夷人日增桀骜，请饬严定章程，以彰国威而戢夷志"的折子。他提出，通过盼师夫人事件，看出外国商人在华开始自恃国力，有轻看清朝官吏的趋势。此外还列举了夷人违例八条，并附片陈说应密访内部汉奸。

道光帝将邵正笏的奏折，谕令广东巡抚朱桂桢密查。朱奉旨后，会同广东布政使桂良饬属下到澳门一带密访。五月复奏，将邵所举各条逐一解释，除盼师桀骜不驯一事大致属实外，其他的事则"道路传闻，易于张大其词；而承办各员，又每多讳饰"，并称"该国王闻知，已将其（盼师）撤回惩治，近所换之大班罗治臣，人颇恭顺，一切买卖，俱属安静。……"邵正笏奏折所列的八条中，其他如洋人聚众进靖海门、毙命汉民、横行街市、雇乳妈买婢女，以及买内地书籍、汉奸教读等等，均经调查，并无其事。于是模棱地说："嗣后总应随时稽查，有犯必惩，以杜其源。"

道光皇帝看了复奏，也没什么可说的了。

而后，李鸿宾又和朱桂桢等联名同拟八条关于夷务的章程上呈，除过去已有之条外，特意将禁止番妇住馆、夷馆坐轿和偷运枪炮入省等三项明确强调加进。道光皇帝下旨："所有酌议八条，着照所议办理，但不可任夷商等日增倨傲，玩视法度。总当于抚驭绥来之中，不失天朝体制，方为至善。"

实际上，盼师夫人一案的处理，已使英国人摸清了大清帝国地方官的底牌。包括总督李鸿宾在内，都被人揭发为"簠簋不饬，贻海疆隐患"。

过了三年，即道光二十四年（1834 年），英国在东印度公司结束后，设驻华商务监督，派律劳卑来粤，大班改为夷官，中、英之间一度发生严重纠纷。"番妇"事件也成了英国商人煽动反华情绪的口实之一。鸦片战争之后，英国人可以"带同家眷"寄居通商口岸的条文被明确载入《南京条约》。

从此，大清帝国的街道上，常常能见到各种各样的"番妇"、"鬼婆"招摇过市。

《清史稿·李鸿宾传》里说："广东通商久，号为利薮。自嘉庆以来，英吉利国势日强，渐跋扈。故事：十三行洋商有缺，十二家联保承充，亏帑则摊偿。英领事颠地知洋行获利厚，欲以洋廝容阿华充商，诸商不允，乃贿鸿宾得之。颠地曰：'吾以为总督如何严重，讵消数万金便营私耶！'于是始轻中国官吏。"

戊戌变法与"国家宝藏"

　　有部美国大片，叫《国家宝藏》，还拍了续集。美国人的想象力真丰富，一个子虚乌有的事情，都能搞续集。写历史总不能胡乱杜撰，但在戊戌变法时期，还真出现过一个类似"国家宝藏"的悬疑事件。也许，哪天有人真会据此写出个中国版的《国家宝藏》来。

光绪帝像

　　一百一十多年前，也就是光绪二十四年（1898年，农历戊戌年），西方列强的瓜分侵略加剧，清政府腐败无能，中国人民日益陷入水深火热之中。受日本"明治维新"运动的启发，以康有为为首的维新人士，开始宣传维新改革。在变法主张的影响下，光绪皇帝接受并开始进行变法维新，史称"戊戌变法"。主要内容是：学习西方，提倡科学文化，改革政治、教育制度，发展农、工、商业等。这场运动遭到以慈禧太后为首的守旧派的强烈反对，八月初六日（9月21日）慈禧太后等发动政变，光绪帝被囚，维新派遭捕杀或逃亡国外。历时仅103天的变法以失败告终。

　　就在慈禧太后突然发动"戊戌政变"，将光绪皇帝囚禁在中南海的瀛台的前一天，变法维新运动的重要人物之一杨深秀给光绪皇帝上过一个秘密奏片——"奏为密陈搜求圆明园高宗纯皇帝窖存金银大济急需事"。

杨深秀在奏片中提到："近者欲练精兵，须备饷项。大农仰屋，杼柚告空，报效捐输，已成弩末，厘金关税，起色无期。"直接披露了当时维新派面临的窘境。

杨深秀奏请寻找圆明园宝藏片

由于实权还掌握在慈禧太后为首的守旧派手中，即使是光绪皇帝也巧妇难为无米之炊。随后，他突然笔锋一转，说他偶然想起："前闻我高宗纯皇帝修圆明园之初，尝于殿座之下存有黄金纹银各一窖，年久遂不知处。前数年大学士福锟兼内务府大臣时，曾有老苑户年八十余岁，确知窖藏处所……"不过，他又说此时那个老苑户已故世，死无对证。

此时，已是变法危急关头，杨深秀上这么一个关于子虚乌有"国家宝藏"的秘密奏片，叫人摸不清头脑。是因为维新派病急乱投医、出现了幻觉，还是别有他意？

当然肯定不是在搞笑！

事实上，长期以来，关于这个"国家宝藏"，一直流传着各种版本，流行较广的是：咸丰十年九月（1860年10月），英法联军侵入北京，洗劫之后，一把火烧了圆明园。此后不断传出消息——圆明园并没有被洗净劫空，在它的地下还有深宫密藏的珍宝。可怜光绪皇帝手中没有实权，无法武装自己训练的新军，于是谋臣们就想到了这个传说。

不过，近来有人经过研究，得出了另一个更惊人的结论，认为这个"国家宝藏"是维新派们设计出的一个阴谋。

有人援引光绪二十四年十月初二日（1898年11月15日）的一份《申报》，发现有这样一段文字（译文）：

北京朋友来信说：八月初四日（9 月 19 日，根据考证，应为 20 日，政变前一日），现已经被处死的谋反罪犯杨深秀上疏奏称，圆明园的地下，多处都有金窖，请皇上准募三百人，在八月初八日（9 月 23 日，政变后第三日）入内挖取。北京人都很惊讶，认为是奇异的事情。其实这是杨深秀与康有为、谭嗣同等罪犯同样谋反的证据罢了。

通过这个线索，联想到当时前后发生的一系列怪事，不能不使人怀疑：这是维新派一次重大军事行动的一个掩护——派军队去圆明园挖寻"国家宝藏"，目的是为了派军队前往颐和园，为劫持慈禧太后做准备。

事件的大致过程或许如下：

光绪二十四年八月初三日（1898 年 9 月 18 日），也就是政变前三日，谭嗣同夜访袁世凯，带去了杨锐所奉墨笔抄录的光绪皇帝的"密诏"。由于上面没有明确的"围颐和园"的谕旨，因此，袁世凯认为不能奉命。谭嗣同就说，等到八月初五日（9 月 20 日，政变前一日），袁世凯到皇上那里请训，皇上就会交给他一份"按计划行事"的朱谕。

维新派当然知道，皇上是决不会给袁世凯这样的谕旨的。于是康有为嘱咐杨深秀草拟奏折，以挖金窖为名，让皇上调袁世凯军入京。并特别指明：请准募工三百人，于八月初八日（9 月 23 日）进京挖取。按照惯例，光绪帝一定会让新任命的军机四章京议决此事，时任军机章京的谭嗣同等人都是光绪皇帝刚任

上諭內閣候補侍讀楊銳刑部候補主事劉光第內
閣候補中書林旭江蘇候補知府譚嗣同均著賞
加四品卿銜在軍機章京上行走參預新政事宜
欽此

光緒二十四年七月二十日內閣奉

光绪帝任命谭嗣同等四人入军机的上谕

命的维新派，自然会建议光绪帝在八月初五日召见袁世凯时，责成袁世凯派兵三百人来北京"挖金窖"。等到袁世凯兵到圆明园，即可直插颐和园。届时，生米做成熟饭，即使光绪皇帝察觉，也来不及阻止拘禁慈禧的既成事实。

由于此前谭嗣同曾对袁世凯说："你请训时，皇上一定会给你一道按计划行事的朱谕。"袁世凯只要看到这样一份光绪皇帝让他派兵来北京"挖金窖"的手谕，那么，他一定会"意会"到：这一道"挖金窖"的上谕，就是谭嗣同说的让他"以兵围颐和园"的圣旨，只是事涉绝密，光绪皇帝"调兵"的真正目的不便在上谕中说明罢了。这样，袁世凯就一定会按照维新派在初三日制定的计划行事了。

维新派的如意算盘是：一方面，要让光绪皇帝不怀疑"挖金窖"的真正意图；另一方面又要让袁世凯"意会"到"挖金窖"的真正意图，这是个"一石二鸟"的计谋。其关键之处在于：光绪皇帝必须给袁世凯这样一份"挖金窖"的谕旨。

康有为等分析认为，这份谕旨，光绪皇帝会给袁世凯的。那么，"挖金窖"奏折又为什么由杨深秀来上奏呢？这是因为在戊戌年，杨深秀所呈的折子，如康有为代拟的《请定国是折》及《请奖陈宝箴》等折，光绪皇帝没有一个不批准。可见皇上对杨深秀是信任的，不会怀疑他的折子里有什么不利于他的企图。因此，这一道奏折光绪帝也一定会批准。

其次，这份折子一定会著交军机四卿议决，那么，便正好被四卿中康党"截获"，他们就能名正言顺地"建议"，让袁世凯的士兵来"挖金窖"。而从八月初一日（9月16日，政变前五日）起，袁世凯已奉光绪帝之命，专管练兵事务。于是，不必通过荣禄，直接调动袁世凯军来"挖金窖"，便是顺理成章的事情。既然如此便捷，那么康有为认定"调袁世凯兵"的建议，也会被光绪皇帝批准。

杨深秀的奏片就这样上了。那么，光绪皇帝是否批准了呢？或者说：八月初五日（9月20日），袁世凯请训时，光绪皇帝是否给了袁世凯一道"进京挖金窖"的手谕呢？大多数人认为一定是给了。

在明清两代，朝廷常用军人做工。

当然，袁世凯的《戊戌日记》打死也不会承认光绪帝给了他一道"密诏"。如果给了而他没有遵从，那是"大逆"。因此他不敢提。

然而，袁世凯接到的毕竟是"挖金窖"的谕旨，虽然按照康有为们的设想，袁世凯"意会"到这是皇帝让他"围颐和园"的意思，但天威咫尺，他是不敢明说的。因此，袁世凯才装聋作哑、含含混混地说了一通什么母慈子孝的话，并用推荐张之洞来婉转地促请光绪帝改变其决定。

康有为《自编年谱》说，光绪帝确实给了袁世凯一份"密诏"。变法失败后，康有为孤身逃到海外，以光绪帝遗臣自居，卖文以赚名赚利，以其人品及行事，所言多所夸大。但梁启超《戊戌政变记》卷二也提到：八月初五日（9月20日）皇上的谕旨，是专门赐给袁世凯的。梁听说退朝后，袁世凯曾对别人说："皇上如果命令我去练兵，我不敢不奉诏，如果是其他的事情，那可不是我敢知道的啊！"因此人们不得不怀疑：这个"其他的事情"，应该是有所明确的指授，当是指杨深秀"附片"所载的袁世凯应该"意会"的内容。

可以肯定，袁世凯在"奉诏"之事上，一度真犹豫过。只是杨崇伊的《请太后训政折》于八月初三日（9月18日，政变前三日）到达慈禧手中，而后荣禄与杨崇伊等都对袁世凯摊了底牌。袁世凯见大势已去，当然等不到杨深秀折片中规定的"挖金窖"行动的定期——八月初八日（9月23日）。于是他向慈禧太后告了密，出卖了光绪帝及维新党人。

世传：袁世凯告密后有一事从不承认，可能就是这份光绪帝给他的"挖金窖"的手谕。

政变后，慈禧太后可能因此怀疑过光绪帝为同谋，但对外国公使及中国臣民来说，仅此一证据并不能使人信服，另外谭嗣同带去的"手谕"是杨锐手抄的墨书副本，并不是光绪帝的笔迹。因此慈禧太后不能将光绪帝此手谕宣布，并以此作为光绪帝的罪状。

毫无疑问，"密诏"中肯定没有"锢后杀禄"的内容，否则，慈禧太后可以理直气壮地明白将其宣布，以光绪帝"逆伦"而将他废

手谕上面仅仅是说"挖金窖"而已。
皇帝上谕一般是朱笔。

瀛台旧影

掉。而且，"密诏"中所讲"挖金窖"的建议，慈禧太后一定记在心上，并很容易据此查出与这一上谕相配合的杨深秀的奏片。杨深秀之被捕被杀，大约这也是其重要原因之一。否则，他也许不会被列名必死的"六君子"之中，而且排名第二。另外，杨深秀是御史，与谭嗣同等四军机章京不一样，未能参与维新党的核心机密。康有为关于"挖金窖"的阴谋，杨深秀本人也许并不知情。像曾经康为杨代拟折子一样，那附片仍是康有为代写的。倘真如此，杨深秀真是死得"糊里又糊涂"！

总之，以上的线索越说越复杂，当然还有一些悬念待解，但就其发展来说已接近好莱坞大片的情节了。也许，哪天有人真会据此写出个中国版的《国家宝藏》来。

一个"大腕"宫女的背影

——苏麻喇姑之谜

苏麻喇姑最后"抗旨"拒绝康熙皇帝的御药，显然也是有意为之的。想来，这个"大腕"宫女，或许最终还是对这个世界有所不满，于是策划了她在世上最后的谢幕表演。

苏麻喇姑是清代一位传奇式的女人。作为千百个曾经在清宫中服役的下层普通宫女的一员，她经历并见证了清太祖、太宗、世祖和圣祖四朝，而且还间接参与了清初部分政治事件。她后来混出了名声，不但被皇室成员视为至亲，死后还被葬以嫔礼，有关她的传说在民间也广为流传。三百多年后的今天，她忽然又成为宫廷文学影视作品中的"红人"，甚至与康熙帝谈起了恋爱。那么，历史上的苏麻喇姑到底是个什么样的人，她是如何在大清宫中混出头的呢？

布木布泰又译作"本布泰"。

孝庄太后便服像

孝庄身边的"红人"

苏麻喇姑，名字应叫苏麻喇，"姑"是宫中对长者的敬称。苏麻喇姑是蒙古族人，天命十年（1625年），科尔沁部贝勒斋桑之二女、年仅13岁的布木布泰嫁给皇太极为侧福晋，即后来的孝庄皇太后。苏麻喇姑作为随身侍女，也被带到了后金新都盛京（今沈阳）。此后在长达近六十年的时间里，她一直以宫女的身份伺候孝庄。

作为诸多陪嫁而来的侍女之一，苏麻喇姑因心灵手巧，工作认真，逐渐脱颖而出，开始受到主子的信赖，并被派遣参与了一些非奴婢所本职的工作。据《啸亭杂录》记载，"国初衣冠饰样"，皆苏麻喇姑"手制"。这虽然不免有过誉之嫌，但据《清史稿》载："清自崇德初元，已厘定上下冠服诸制。"那时，大清正处于草创时期，宫中的女眷包括皇后，都要参加劳动。而裁剪缝纫，是宫女的基本功课。

清陈玫绘《月曼清游图》

大约正是因为苏麻喇姑的业务过硬，才被选中参与设计制作清朝开国国服这项重大的国家工程。

由于长期与孝庄朝夕相处，苏麻喇姑与孝庄之间除主仆关系之外，便另有了一种超越这层关系的依赖与感情。尤其是皇太极驾崩后，孝庄刚31岁，正值青春鼎盛之期，却不得不过上孀居生活，很需要一位知音来相伴。而与她年龄相仿、一直独身的苏麻喇姑，自然成为最佳人选。孝庄身为太后，由于宫制所限，一些私事，甚至公事，都不便抛头露面，苏麻喇姑就成了孝庄的联系人。

顺治初期，多尔衮摄政，由于礼制及多尔衮的故意阻挠，小皇帝福临很少能见到孝庄太后。据《清世祖实录》的记载，福临曾回忆："睿亲王摄政时，皇太后与朕分宫而居，每经累月方得一见，以致皇太后萦思弥切。"在这种情况下，孝庄更多的是派苏麻喇姑前往探望小皇帝。

此外，苏麻喇姑还可能参与过宫内事务。据谈迁《北游录》记载：顺治帝大婚后，孝庄太后依照满洲惯例，指派大臣妻子入侍新

皇后。接受指派入侍皇后不但是一个苦差事，而且被视为有很大的风险。因为顺治皇帝是个艺术型的年轻人，不但敏感，而且多情冲动，尤其对身边的年轻女性容易产生兴趣。当年他的堂弟媳妇董鄂氏进宫侍奉，被他看上后，硬是强行夺了过来，封为妃子。由于有前车之鉴，大家早已对此事唯恐避之不及。当时，孝庄指派的是内大臣席纳布库之妻，席纳布库因此很是不满，但不敢直接反抗。一次，孝庄派遣苏麻喇姑前往某公主府办事，路上正好被席纳布库遇见，席纳布库拦住苏麻喇姑，责问道："我妻因何拨侍皇后，此皆尔之谗言所致也。"于是将苏麻喇姑从马上拖下来，一顿狠揍，打个半死。苏麻喇姑毕竟是奴才的身份，而且很可能确实在孝庄面前说过这种话。孝庄对此也没办法，只好对外声称苏麻喇姑意外从马上掉了下来，"令医调治，三日始愈"。

玄烨的启蒙老师

年幼的时候，康熙帝学习的环境可以说十分恶劣。启蒙老师都是一些被孔圣人在经典古籍中常常作为反面教材而提到的"女子"与"小人"。

所谓"小人"，指的是太监。康熙帝在《庭训格言》中曾回忆道："朕八岁登极，即知黾勉学问，彼时教我句读者，有张、林二内侍，俱系明时多读书人，其教书惟以经书为要，至于诗文，由在所后。"也就是说，康熙帝8岁继承皇位后才开蒙读书，而且是跟随着两个前明的老太监。

如果说康熙帝很晚才起步的汉文化教育来自两个前明太监的话，那么，他稍前所受教育的情况则似乎更遭，竟得之于一个宫女——苏麻喇姑。《啸亭杂录》"苏麻喇姑"条说，玄烨幼时，"赖其（苏麻喇姑）训迪，手教国书"。

据史书记载，玄烨出生后不到两岁，即被抱出宫，在西华门外的一所宅第（雍正年间改为福佑寺）中避痘。直到顺治帝病逝前不久，六七岁的玄烨出过天花并奇迹般地痊愈后，有了免疫力，才被

所谓训迪是指做人的启蒙教育，国书是指满语文字，这是一个满洲皇帝最起码的人生文化储备。

清宫宫女图

允许重返皇宫。

有一个不可回避的事实是，玄烨避痘紫禁城外，不能进宫，而身为太皇太后的孝庄也很难有机会去阿哥的避痘所，更遑论经常去看望玄烨了。因此，作为孝庄的亲信，苏麻喇姑很有可能经常代表孝庄前往看望皇孙玄烨。

当时玄烨身边主要有两位服侍人员负责照顾起居，一是乳母瓜尔佳氏，一是保姆朴氏。而苏麻喇姑则是秉承太皇太后之意，前来检查工作。同时，她还辅导了玄烨的满文书写。苏麻喇姑很可能是入宫后，在陪伴孝庄学习过程中自学的满文。以一个宫女来教小皇子满文，一方面说明了玄烨早期并不是很被重视；另一方面也说明苏麻喇姑在宫廷侍女中地位之特殊。

七十多岁继续工作

康熙二十六年（1687年）十二月，孝庄太后去世，苏麻喇姑不得不向伺候了六十多年的老主子告别。但她没有就此离开皇宫，而是接受了新的工作——抚养照顾康熙帝的第十二子胤䄉。这应该是孝庄生前有意的安排。毕竟一个终生未婚、没有后代的老宫女，一旦离开皇宫，生活将是十分悲惨的。因此，孝庄在世时，已开始考虑到一旦自己不在了，要给苏麻喇姑备条后路。

按照清宫的惯例，只有嫔以上的内庭主位才有资格抚养皇子。苏麻喇姑被破例允准承担这份工作，可见她的特殊地位。苏麻喇姑

避痘具体情况请参考本书《阿哥种痘》。

满族原无文字，明万历二十七年（1599年），清太祖努尔哈赤命额尔德尼、噶盖在蒙文字母基础上，创建了满文。

苏麻喇姑可以说是清初宫中宫女的"劳动模范"。

太皇太后、皇太后、皇太妃、皇太嫔、先朝嫔御、皇后及众嫔妃，这些在皇宫内廷有地位的女性，统称为内庭主位。

清宫女装

在晚年的时候，依然接受抚养皇子的重任，这一方面来自于皇室的尊重与信任，另一方面也源于她的职业惯性。当然她的身体也不错，此后她又活了二十余载。

苏麻喇姑无微不至的关爱和孜孜不倦的言传身教，使皇子胤祹心理与生理方面都得到健康成长。康熙末年诸位阿哥为争夺储位而激烈斗争，几乎所有的适龄者都卷了进去，十二阿哥是很少卷入者之一。当然，不争位，不代表胤祹没有才干。在康熙诸子中，特别在十阿哥胤䄉以下年轻的皇子中，胤祹是比较有突出能干的一位，曾多次奉父皇命办理各种政务专差。由于他的明哲保身，在雍正帝继位后，不仅没有受到打击、排挤，相反还被封为郡王。到了乾隆朝，胤祹晋封为和硕履亲王，授为议政大臣。乾隆二十八年（1763 年），胤祹以 79 岁高龄寿终正寝，在康熙帝的 35 个皇子中，他是最高寿的。胤祹能够平稳地一步一步荣例藩封，参与政务，并高寿以终，与早年苏麻喇姑的精心培养、指点教诲有直接的关系。

古怪的习惯与行为

晚年的苏麻喇姑，由于特殊的经历，在宫中受到普遍尊重，而其生活，大约也尽是些"白头宫女在，闲坐说玄宗"的回忆。正是由于这些传奇经历，她在人们眼中变得越来越神秘起来。她的传奇，实际上在她有生之年即已开始传播。

苏麻喇姑信奉喇嘛教，因此，生活中她会有些神秘的禁忌与修炼秘密。《啸亭杂录》中说，苏麻喇姑"性好佛法，暮年持素"。吃素，可以理解，但《啸亭杂录》还记载苏麻喇姑"终岁不沐浴，惟除夕日量为洗濯，将其秽水自饮，以为忏悔云"。

这的确很奇怪。以苏麻喇姑这么一个巧慧伶俐的女人，我们很难相信她会有从小就不爱洗澡的习惯。再者，从前宫廷挑选服侍者，无疤、无疮、无恶味是基本的标准。即使当时清宫处于草创时期，不能期望侍者"含香握兰"，但起码的整洁是不可能不讲究的。即使苏麻喇姑有可能小时候由于生存条件恶劣，养成过不好洗澡的习惯，但进宫后，条件好了，一个姑娘家，也会开始讲究个人卫生的。更何况，一个终岁不洗澡、浑身臭味，而且还有自喝洗澡水恶习的人，别说孝庄不会容忍，玄烨以及诸皇子也不会喜欢。如果是这样的话，苏麻喇姑哪里会得到主子的欣赏与尊重？

至于苏麻喇姑不喜欢服药，这或许是个事实。当然，清初满洲人也有这种习惯，康熙帝就曾在上谕中说过满洲老人多不服药的传统。而服用自己的洗澡水，也属于服药的一种形式，如果不是某种特殊的需要，苏麻喇姑是不会这么做的。只是，这些与不良的卫生习惯不能混为一谈。

我们有理由相信，《啸亭杂录》所记载的是实录，但这种情况只可能是苏麻喇姑晚年一个神秘的禁忌与修炼程序。

苏麻喇姑晚年修炼喇嘛教的种种吓人的仪式与程序，在当时的宫中知其内幕的定有人在。以目前的史料来分析，最起码，康熙帝本人就是个知情者。因为苏麻喇姑得病后，曾拒绝服药，甚至在病危期间，众皇子奉康熙帝命令给苏麻喇姑服汤药，但苏麻喇姑还是拒绝了，并不耐烦地对众皇子说：你们就照我所言据实向主子（康熙帝）奏报吧，"皇上必知我意"！据此可推，康熙帝一定知道苏麻喇姑的某种修炼禁忌，因此苏麻喇姑有信心冒着"抗旨不遵"的风险，取得康熙帝的谅解。

这一方面由于她原来的习惯，但更可能与她修炼喇嘛教的某种禁忌有关。

当然，这一特殊的禁忌最终还是要了她的命。

最后的辉煌

苏麻喇姑有生之年最为辉煌的一刻，发生在她临终前。

康熙四十四年（1705年）八月二十七日，苏麻喇姑病倒在床，腹痛便血，不思饮食。此时，康熙帝正在塞外巡视。苏麻喇姑便把皇三子胤祉等请到病榻前，让他们将自己的病情上奏皇上。

从病状上看，苏麻喇姑可能患了急性菌痢。以当时有限的医疗水平，这种疾病对于一个九旬老人来说，是非常危险的。皇子们十分焦急，建议马上召御医诊治，但苏麻喇姑不肯，她的理由是只相信皇上才能有治病的"好方子"。

三天后，康熙帝的谕旨终于到了，皇子们立即转交给了苏麻喇姑。她十分激动，双手合十，几次亲吻谕旨，反复看了几遍，然后像宝贝一样珍藏在身边。她对皇子们说："见此皇上亲笔谕旨，予内嘉之不尽，满院辉煌。"接着又说："予惟有为皇上祈祷念佛而已。"

康熙帝在上谕中推荐了一种特效药——西白噶瓜。皇子们依照父皇的意思，用西白噶瓜熬鸡汤，劝苏麻喇姑饮用，并一再解释说这是用皇上赐给的某种草根熬制的，是皇上让她服用的。但出人意料的是，任凭众皇子费尽口舌，百般苦劝，苏麻喇姑就是不服药。理由很简单："惟奴才自幼不服任何药，是皇上稔知者。中为草根，

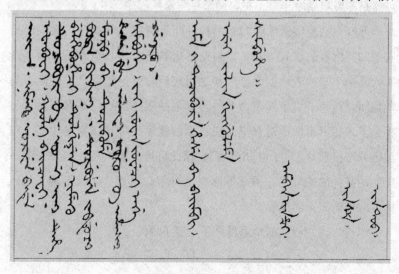

诸皇子关于苏麻喇姑病情的满文奏折

亦系药矣。今我病势重大,即服药亦无益。"苏麻喇姑自己放弃了生存的选择。

康熙帝得到皇子们的奏折,似乎读懂了苏麻喇姑的一番心思。他没有再强迫苏麻喇姑服药,在朱批中嘱咐皇子们:"妈妈如果出事,过七日后再洗身穿衣。暂于何处停放事,尔等与内务府总管从速议定。"开始为苏麻喇姑准备后事了。

康熙四十四年(1705 年)九月初七日,年过九旬的苏麻喇姑死在宫中。

按说,一个九旬老人,生前已享受到了应该享受到的极致,加之晚年长年礼佛,心情日趋平静,死前忽然闹出这么大的动静,惊动了清廷最高层人物,皇帝、皇子无不想方设法,竭力抢救,不要说宫内服役者,即使一般的妃嫔,

苏麻喇姑宝顶(左)与老贵人宝顶

也不会有此殊荣。更绝的是,苏麻喇姑最后"抗旨"拒绝皇帝的御药,显然也是有意为之的。

她为什么会这样做?想来,这个"大腕"宫女,或许最终还是对这个世界有所不满,于是策划了她在世上最后的谢幕表演。

清帝身边的休宁读书人

在清代，不但大批徽商挥诀休宁古城岩，南下苏杭，在东南沿海的商贸江湖中大施拳脚；同时，莘莘学子也在折别蓝桥水畔的垂柳后，纷纷北上入京，通过科举考试等途径，金榜题名，跻身皇帝身边的词臣，甚至成为重臣。

明清时期，皖南被誉为"东南邹鲁"，人称"十户之村，不废诵读"，是科举时代的造星工场，至今遗留下许多的状元坊、进士第。仅休宁县，有清一朝，竟然出过十几位状元。尤其在乾隆朝 60 年间，出过 28 个状元，其中休宁籍就有 7 位，占了四分之一。而且有意思的是：整个乾隆朝一头一尾的状元都是休宁人，分别为乾隆元年（1736 年）的金德瑛与乾隆六十年（1795 年）的王以衔。另外，在乾隆盛世的巅峰时期，休宁人连续独占鳌头。从乾隆三十年至乾隆四十五年（1765—1780 年），其间连续产生的 5 个状元中有 4 个是休宁人，另外一个人叫金榜，也是休宁县相邻之歙县人……

许多档案与史料都证明，在清代，不但大批徽商挥诀休宁古城岩，南下苏杭，在东南沿海的商贸江湖中大施拳脚；同时，莘莘学子也在折别蓝桥水畔的垂柳后，纷纷北上入京，通过科举考试等途径，金榜题名，跻身皇帝身边的词臣，甚至成为重臣。

——大清皇帝的身边，确实曾出现过一大群来自休宁的读书人。

"北漂"的休宁读书人

史料记载，明清时期，在北京曾存在着大量的"文化流民"，近似今天的"北漂"，其中包括不少休宁读书人。他们有的是进京赶考的士子，有的是到北京游学访道的学者。

那时，北京的宣南地区是天下读书人最流连的地方，虎坊桥文园的来自皖南的笔墨固然著名，丛春园的雅集宴会也是休宁才子们经常出没的场所。许多来自休宁的读书人，通常住在休宁会馆里。休宁会馆的前身，曾是清初全国学人最向往的学人幕府——碧山堂馆，地点在半截胡同，开设者为清代著名的文臣徐乾学。徐是康熙九年（1670 年）探花，康熙时他和其弟徐元文奉旨纂修

安徽会馆

据近人研究，清代北京具有一定规模的正式会馆有 380 多家，其中最大的就是休宁会馆。

《明史》，他出任总裁官，后又负责《大清一统志》的编纂，还组织学者编修《通志堂经解》和《资治通鉴后编》。徐乾学是个孟尝君式的人物，门下聚集了一大批著名的学问家，如史学家万斯同，著名学者胡渭、阎若璩、顾祖禹等都成为他的门下客。碧山堂馆成为宣南显赫一时的士人聚集之所。乾隆十七年（1752 年）秋，一个来自休宁的乾隆帝最宠幸的大臣汪由敦盘下了当年的碧山堂馆，主持创办京师休宁会馆，并撰碑记志其事。从此会馆内常常乡音满屋、灯火通明。休宁会馆成为休宁读书人在北京成功的标榜。

除了会馆，许多在京城已成功定居的休宁人，还拥有自己的豪宅园林。比如康熙时期的赵吉士，是顺治八年（1651 年）的举人，后来做了户部主事。这个人官不大，名气却很大。康熙朝时，余国柱、翁书元、徐乾学、王鸿绪四大臣是公认的文人雅会招集的四大"穴头"，被人称为"四大牵"，而赵被则被称为"小牵"，可见他在读书人中也有一定的号召力。赵在北京有个园林，叫寄园。海内文人名辈常集园中，或看花、或赏月，每饮酒赋诗，不忍离去。寄园中的常客除了徐乾学等著名文臣外，也有许多休宁读书人，常出没

的计有汪文炯（康熙四十二年进士）、汪倬（四十九年进士）、汪晋微（十八年进士）、戴绂（三十年进士）等人，而著名的汪灏、汪懋麟，更是康熙朝天下闻名的博学鸿儒。

实在的休宁读书人

休宁籍读书人，讲究学以致用。他们受传统儒家修身、齐家、治国、平天下的"入世"之学影响，最讲修身，讲孝悌。比如乾隆朝著名文臣汪由敦，未入仕时，即以孝闻名天下。康熙五十八年（1719 年），他在北京国子监读书，惊悉母亲去世，星夜兼程返家奔丧，行至江宁（今南京）遇瓢泼大雨，找不到车夫，就自己肩驮包袱急行于田畦、小路上，第六天到家时，脚底全都磨出了老茧。服丧期满后，大臣徐元梦以"立心忠厚、学识淹通"再次奏荐他充任明史馆纂修官，同时他也获得了张廷玉等史馆总裁和老臣们的赏识。当时要进入史馆，最起码也得是翰林出身，而汪以监生的身份进入史馆，成为一段旷典佳话。

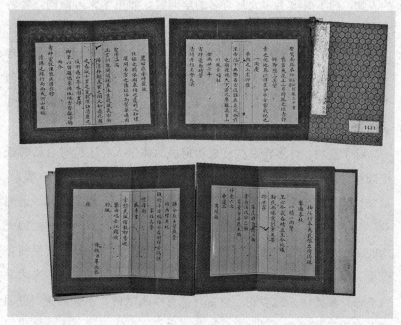

毕沅献诗

休宁人在读书与做事方面颇有"徽骆驼"的特点，踏实，苦干，任劳任怨，脚踏实地，从小事做起。许多休宁籍状元在"金榜题名"之前都有过在中央六部、内阁从事低级文事工作的经历。比如吴锡龄、戴衢亨是皇帝南巡时，以举人、秀才身份迎銮献诗，经临时考试合格，进入内阁担任中书的。而毕沅则是以举人资格通过地方大员推荐，考上内阁中书的。这些工作经历，成了那些休宁籍读书人"经世"之学中的宝贵经验。因此他们读死书的不多，即使中了状元，也喜欢从事治国安邦的"经世"之道，通过仕途为苍生做贡献。当然，有时这种经历还会直接成为飞黄腾达的契机。

毕沅，祖籍安徽休宁，寄籍江南镇洋（今江苏太仓）。

乾隆二十五年（1760 年）会试后，尚未揭榜的前夜，刚参加过会试的毕沅与诸重光、童君凤都以内阁中书的身份在西苑的军机处值房值班。下午，诸重光忽然提出要毕沅代值晚班，毕问："为什么？"诸说："我们的书法都好，如果会试中了，接下来的殿试，可望能名列前茅，我们要回去好好养精蓄锐，为下一步殿试冲刺做准备。你的书法不好，就算会试通过，将来的殿试也没有希望进入前甲。"人们知道，殿试前十名由皇帝钦点，主要是看书法。毕沅自认书法不如二人，只好眼睁睁地看着诸、童二人径直而去，自己留下代班。晚间，皇上忽然将看过的一个奏折发下来拟办。奏折是陕甘总督黄廷桂所上，讲北疆屯田的事。毕无聊之际，便熟读之。当时西北战争后，新疆才开辟，乾隆帝正考虑在新疆屯垦的事。后来殿试，策论题目正是论屯田，毕沅想起了黄廷桂折子的内容，所答很对乾隆帝的胃口，于是被从第四名拔到了第一名，夺了当届的状元。而诸重光做了榜眼，童君凤是第十一名。真是"塞翁失马，焉知非福"呀！

在京的休宁读书人，有一个共同特点，就是非常讲乡党，抱团。乾隆帝曾几次下谕申饬。休宁人对师长、朋友尤厚道，有时甚至不惜自己的前程，开罪于皇帝。最著名的是汪由敦为老师张廷玉得罪乾隆的故事。

乾隆十四年十二月十四日内阁奉
上谕张廷玉明白回奏摺内称十三日实因心恖谢
恩稽迟进急欲趋阙泥首是以尚早入朝并未先得
信息等语张廷玉之早来必因先得信息伊向求
谢恩不一而足並未早来何以是日果来即可掩先
谓並未得信息而次日早来即日早来之老大臣而宜
此所见与兒童何異是久任事理之老大臣而宜
出此如果因风寒严劲步履不前則次日何嘗不
寒且何难於谢恩摺内声明及张若澄遵旨时向
奏事人口奏乃並不承認是日承首傅恒汪由敦二人
息之震亦不承認是日承首傅恒汪由敦二人
以二人並論則非汪由敦而谁即万有一々非汪

上谕档中关于乾隆帝对张廷玉、汪由敦的申饬

在清朝，军机处是个特殊的中枢机构，后来甚至超越并取代了内阁。雍正时期初建军机处，主要靠着两个大学士，一是满人鄂尔泰，一是汉人张廷玉。乾隆十四年（1749年），张廷玉因年老，请求休致（退休），乾隆帝批准了他的请求，由于当年雍正帝曾有遗训，乾隆还答应了张廷玉配享太庙。整个大清二百多年，汉人大臣中只有张廷玉一人享有此殊荣。张廷玉一向很谨慎，但在这件事上，不知为什么居然没有亲自上廷谢恩，只是让儿子张若澄代自己上了个谢恩折。乾隆帝很不舒服，认为对于这样天大的恩典，张廷玉就是爬着，也应该亲自赴阙"泥首谢恩"。于是叫军机处拟旨申饬。不想谕旨还没下发，第二天一早，张廷玉就跑到宫中来谢恩了。乾隆帝很敏感，认定张一定是听到了什么风声。经过分析，当时在军机处承旨的只有两人，一是满军机大臣傅恒，一是汉臣汪由敦。而且他还想起了一个细节，授旨时，汪由敦曾当面免冠跪叩，为张廷玉求情，请求不要通过内阁明发上谕，以免天下都知道此事，而是采取"廷寄"形式，直接给张廷玉寄谕，将涉及范围控制在最小限度。乾隆帝同意了汪的请求。汪由敦是张廷玉的学生，两人都是安徽籍。不用说，肯定是汪向张通风报信了。张廷玉曾大力推荐汪做日后自己的接班人，这种师生相护、不惜泄漏内廷机密之事，惹得乾隆帝盛怒。为此汪由敦也付出了很大的代价，当时他已是工部尚书，代办内阁大学士事务，结果乾隆帝先是取消了他的代办内阁事务之职，后来又取消了他的尚书职衔。好在汪由敦学问确实好，工作也玩命，人脉也旺，加上乾隆帝爱才，才渐渐重新取得了皇上的信任。即使这样，汪由敦还是在侍郎职位上打了近三年的转，直

到乾隆十七年（1792 年），才重新恢复了尚书之职。

另外，在京的休宁籍读书人，从来毫不掩饰自己对功名的渴望。因此许多人虽然做了朝官，但还觉得不硬气，一心想"金榜题名"，状元及第。尤其是那些以监生、举人资格在内阁、六部做中书、主事的。比如汪由敦、毕沅、吴锡龄、戴衢亨等，都是在中央衙门工作后，再"金榜题名"、扬眉吐气的。

多彩的休宁读书人

清帝身边的休宁读书人，是一个很有趣的团体，每人都有自己的特长与特点，并因此被人们所记忆谈论。

这些人中很多都是典型的珥笔近臣。照大清皇帝的话，叫"词臣"。比如汪由敦，原来是监生，雍正二年（1724 年）参加会试过关后，殿试一举成为"传胪"，也就是二甲第一名。此后，他从事过多种"词臣"工作。他做过起居注官，每天跟在乾隆帝左右，记录皇帝的一言一行；他入值过南书房，就是陪着皇帝吟诗做赋。乾隆帝写了许多的诗片，都是他帮着整理，后来负责正式刊刻出版成《御制诗集》。据传，汪由敦还有一个了不起的本事，就是起草公文，援笔立就。清人笔记《枢垣记略》载：汪由敦入值军机处后，正赶上大小金川之役，"羽书旁午，恭承睿谟广运，烛照万里之外，指授方略，日数千万言，文端（汪由敦）视草，援笔立就，无不当上意"。这也正是汪由敦后来得到乾隆帝器重的一个重要原因。当然汪由敦的诗词也很好，被同行晚辈

中国古代皇帝的身边总有一些这样的文臣，耳朵插着笔，袖中揣着本，随时准备将皇帝的言行记录下来，或者是为皇帝口头旨意起草文书。

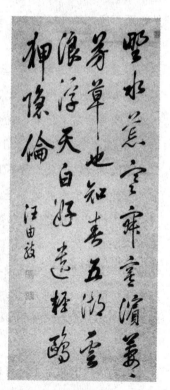

汪由敦书法

视为当代韩、欧，推崇之至，连乾隆帝都佩服。汪殁后，乾隆曾做悼诗云："赞治尝资理，论文每契神。"况且汪还写得一手好字，典型的馆阁体（又叫"盛世体"、"欧架赵体"），华丽清秀。而且与乾隆的字有些相似，因此也得到了乾隆的喜爱。乾隆九年（1744年），宫廷《圆明园十景图》绘成，乾隆帝做御制诗四十咏，并专门叫汪由敦代笔书法，合成为《圆明园四十景图咏》，成为传世佳宝，可见乾隆对汪由敦书法的珍视。

休宁籍的读书人，无论在中央，还是在地方，都能将工作做得同样出色。其中也出了一些著名的封疆大吏，最著名的代表是毕沅，一个具有文人气质的老官僚。

毕沅是乾隆二十五年（1760年）的状元，当时31岁，67岁去世，当了36年官，其中只有5年在京，自乾隆三十一年（1766年）始，至嘉庆二年（1797年）去世止，一直在各地做官，由道台（正四品）到按察使（正三品）、布政使（从二品）、巡抚、总督，光当巡抚、总督就有21年。乾隆、嘉庆几次想调他入京，都被拒绝了。他在地方干得如鱼得水，尤其重视支持文化工程。毕沅出仕前家道贫寒，当官后富了起来，既会工作，也会享受。乾隆五十年（1785年），在江苏家乡购"灵岩山馆"，其"营造之工，亭台之侈，凡四五年始竣，计购值及式费不下十万金"。他晚年购得关中遂园，家里常养着戏班。他素慷慨好士，常几百、上千两地周济学人，收集大量古董，组织人编定、刻印数百卷书。当时人由衷地赞叹："公爱士尤笃，闻有一艺长，必驰币聘请，惟恐其不来，来则厚资给之。"章学诚的《文史通义》如果没有他的赞助，根本不可能完成。清代中期产生过两个文化地方官，一个毕沅，一个阮元，都是在学术上具有笼罩性的大人物，而且一生都在地方扶持文化工程。

说起清代中期学术，有两人必须要提，一个是扬州的惠栋，另一个是休宁的戴震，而后者在学术上的影响更大。

戴震，字慎修，一字东原，号杲溪，生于雍正二年（1724 年），卒于乾隆四十二年（1777 年），时年 54 岁。戴震是个天才学者的模子，无论诗书，还是天文地理、算学音韵，样样精通。他幼时有些异常，10 岁后才能正常与人进行语言交流，然而一旦接触书本，授以经籍，他都能过目成诵，经年不忘，而且勤奋好学。由于家境贫寒，有时只能向殷富人家借书看。他 17 岁随时父

戴震像

亲贩布于江西，20 岁返乡就学于徽州汪梧凤，当时大儒江永正好也寓居汪家，于是戴震跟他学习算学、音韵及《周礼》，并且与学人程瑶田、金榜为友，结下了友谊。21 岁时，他著成《策算》一文，论述"耐普尔对数计算法"（Napier's rod）；23 岁时，他又著成《考工记图注》三卷，名声大噪。29 岁著《屈原赋注》十二卷。不久，因为与族人发生争端，避仇离乡远赴北京，在京结交了钱大昕、秦蕙田、纪昀、王鸣盛等人，他的学问备受推崇，并被纪昀招至幕下。33 岁时，著名大臣王安国的儿子王念孙跟他学习；翌年赴扬州，后一年又结识惠栋。41 岁写定《原善》。后返京师，于 44 岁时得到友人之助，入翰林院文库阅《永乐大典》，以举人身份奉上谕充任《四库全书》纂修官，以《大典》善本校《水经注》，为乾隆帝所赏识，纳入《武英殿聚珍版丛书》。晚岁仍居京师著述，50 岁时写定《孟子字义疏证》。

戴震学问很好，于科举制艺却屡战屡败。他 52 岁时又会试不第，乾隆皇帝特地赐他同进士出身，了却了其一生追求的"金榜题

名"之梦。戴震之所以因为学问好而惊动了中央，也说明当时学术气氛的宽松与提倡。而乾隆帝不拘一格，允许他以举人身份入阁修《四库全书》，后来又赐进士，也体现了清帝对休宁读书人的尊重。而戴震的回报也是感人的。在四库全书馆，戴震利用藏书条件，凡是天文、算法、地理、文字声韵等方面的书，均经其考订，精心研究，全力以赴，直至乾隆四十二年夏日殁于北京崇文门西范氏颖园，可以说是以身殉职。他的弟子段玉裁说："谓先生鞠躬尽瘁，死于官事可也。"他以杰出的才能智慧，把一生贡献给了文化事业。

无疑，几乎所有休宁籍读书人的诗赋都具大家风范，但真正因为诗歌而出名的，却还有一个查慎行。

查慎行，字悔余，号初白，海宁人。年少时受学于黄宗羲。性喜作诗，游览所到之处，每每吟咏，诗名甚至传到了北京。康熙三十二年（1693年），他乡试中举。后来康熙帝东巡，大学士陈廷敬推荐他，被诏诣到行宫中赋诗，很得欣赏。康熙帝爱才，于是下诏带他随行回京。查慎行入值南书房，做了词臣。不久，康熙帝又赐他进士出身，选庶吉士，授为翰林院编修。当时在宫中入值的词臣中还有个姓查的，是他的同族子侄，为了方便区别，宫中的太监都叫慎行为"老查"。一次康熙帝幸南苑，捕鱼赐近臣，命当场赋诗。查

慎行有句云："笠檐蓑袂平生梦，臣本烟波一钓徒。"后来某天康熙帝传他，记不清是哪个姓查的了，就说传那个"烟波钓徒"姓查的，于是宫中太监就传呼"烟波钓徒查翰林"。从此天下闻名，当时人将他比拟为唐代著名诗人"春城

内阁起居注中关于查慎行的记载

寒食"的韩翃。之后查慎行还因此充任武英殿书局校勘，即使后来因病请求休致，仍常常被康熙帝召入钓鱼作诗。赵翼《瓯北诗话》认为："梅村（吴伟业）后，欲举一家列唐宋诸公之后者，实难其人。惟查初白才气开展，功力纯熟"，"要其功力之深，则香山、放翁后一人而已"。

诚然，清帝身边的休宁读书人并不都只是象牙塔中的人物，其中也出现过放洋世界的人物。

汪楫，字舟次，原籍休宁。他早年寄居扬州，屡试不第，后来以岁贡生资格担任赣榆县训导。康熙十七年（1678年），经江南巡抚慕天颜推荐，汪楫入京参加博学鸿词科试，与朱彝尊相识。第二年三月，应征者同试于体仁阁。汪舟次与朱彝尊等名儒同以一等录用，被授以翰林院检讨之职，参与编修《明史》的工作。此后他做出了一件很值得读书人敬佩的事，就是跨海出使琉球。

清朝与琉球的交往，继承明朝的传统，维持封贡的关系，先后八次派遣使臣去琉球册封国王。汪楫担任的是第二次去琉球册封国王的正使，当时在康熙二十二年（1683年）。清廷对这一活动十分重视。在选派使臣方面，康熙帝尤加注意人选，特令朝臣于"学识宏博、仪观俊伟"者中推选，最终确定翰林院检讨汪楫为正使，内阁中书舍人林麟焻为副使。当时渡海出使，是个极危险的差事，此前许多人出使琉球，都要载棺同行。因此许多学者都为汪楫的勇气所折服，理学名臣汤斌曾说："以江君之学，兹行也，必能使其国君敬信而悦服，上以增天朝之重，而益坚其服事之心。"他还说，司马迁周游天下归而作《史记》，可是他没有到过海外，相信汪楫涉海万里，经历非前人所能比，故"笔挟风云，上下千古，当有过于子长者，余与同人执笔以俟之"。汪舟次果然不辱使命，撰写了记述琉球山川风物和人文礼仪习俗的《使琉球录》五卷，并且依据琉球的历史资料，编写了《中山沿革志》二卷。

汪楫是清初书法名家，出使琉球时，为其国王尚贞书殿榜，纵

笔为擘窠大书，尚贞大惊，以为神人。到了汪楫等人要回京时，琉球国王按照当地习俗惯例，厚馈汪楫，汪楫却礼不受，琉球国人有感于大国正使的气度风范，建"却金亭"以为纪念。汪楫离开琉球的前夕，国王尚贞表示要世守忠诚，为此请求派人到太学读书，汪楫回京转奏尚贞的请求，得到康熙帝的批准。二十七年（1688年）琉球三名官生到北京，进入国子监读书，清朝配备专门教师，琉球学生得到优厚的待遇。从此成了惯例，使节回国，多应琉球国王请求，代为奏请派遣留学生，因而不时有琉球学生到来。除了传播文化，汪楫还将中华武术带到了琉球。他与当地的武师们相互交流，并流传下许多古老的拳套，包括"汪楫"（燕飞）、"汪秀"（云手）、"快"（冠）等等，这些拳套都比较像中国派拳法，也使一直都受到南少林影响的琉球拳师，得到了一些全新的养分，今天我们仍可以在冲绳空手道中看到这些受北少林影响的养分所发展出来的枝叶。汪楫出使琉球，还带着著名画家禹之鼎，禹回来后名动京城。

在清帝身边的休宁籍读书人群体中，也不乏与时俱进的人物。比如清末的黄思永。

黄思永是光绪六年（1880年）的状元，幼年时寄居江苏江宁。他的经历很具传奇性：幼丧双亲，历经磨难，曾做过教书匠，甚至造反当过太平军，后来走上了科举之路。中状元之后，黄思永任翰

黄思永奏折

林院修撰，官至四品侍读学士。黄思永身在官场，却不死守封建教条，他自己发愤钻研西方科技和文化，还教育其子黄中慧学英文，学西方科学技术，并送黄中慧赴美国深造，黄中慧后成为他兴办实业的得力助手。黄思永曾经连续上书光绪皇帝，提出一些设想，比如发行股票、借用民间闲散资金创办民族资本企业等等。在当时，这样的想法相当大胆。以翰林身份谈商业，是被传统的清流所不容的。因此他惹火烧身，一些人诬陷他反对朝廷，黄思永被罢官入狱，一直到 1900 年八国联军入侵北京，才恢复了自由身。出狱之后，黄思永仍主持工艺商局，此间还投资天津北洋烟草公司，组建北京爱国纸烟厂。光绪二十九年（1903 年），清政府设商部，黄思永被尚书载振聘为头等顾问，与张謇被时人称为"商部实业两状元"。不久工艺商局停办，黄思永遂南归浦口任商埠督办。辛亥革命后，卒于上海。

黄思永是一位实业干才，但他生不逢时，是休宁籍读书人中的失败者，同时也是个积极探索的先驱。

熊赐履 "嚼签" 与道学脸面

票签，又叫票拟、票旨、条旨、票本、拟票、拟旨，是指内阁根据有关法规和典章律例对中央、地方各衙门及臣僚呈送皇帝的章奏代拟初步处理意见，以备皇帝裁决时参考。明叶凤毛《内阁小识》载：凡京奏，禁中称文书，必发阁臣票拟。阁票用本纸、小帖、墨字，内照票拟，或皇上御笔，或宦官代书，具即在文书上面用朱字。阁票如有未合上意，上加笔削或发下改票，阁臣随即封上，间有执正强争，也多曲听。票签随本章上报皇帝后，如果与皇帝意见不符，还会打回内阁重拟，称"改票"，甚至有三改、四改的现象。

清沿明制，通本、部本上达内阁后，也由内阁代拟票签。康熙初，内阁才恢复，许多重要票签都由大学士来笔拟。

除了嚼签子一事，熊老师并没有更多的丑闻，可见行止还算过得去。即便是嚼签子一事，虽然丑些，毕竟算不上什么大凶大恶，只是对一个理学家来说，人格的破产，意味着学说的破产，而奔走御前，要保住人格太难了。

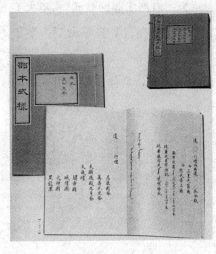

内阁部本票签样式

康熙十五年（1676 年），大清内阁出了一件怪事。

陕西总督哈占上了一个关于题请开复获盗有功官员的题本，时任武英殿大学士的熊赐履在代拟批旨时，一不小心，把这个题本批错了：原来应该批往吏部核办，却给错批到了三法司核拟。熊赐履回府后，忽然明白过来，心急如焚，次日起个大早，五更时分便赶到内阁，支开在堂的内阁中书（内阁属员），找出自己草拟票签的原稿，嚼了嚼，吞进肚里。

熊赐履是个道学家，程朱之学的东西看多了，脑子有些轴。他天真地认为只要将自己草拟的票签销毁，查无证据，一切就好办了。错就错在，他还自作聪明地搞了一个伪：将一位同僚杜立德的另外一本票签原字裁去，然后以小字将错批写在上面，自己则换过杜立德的本子，另批几句，以充其数。熊赐履所以选中杜立德，一是可能事急无暇多想，二是因为此人一向迷糊。

内阁朱改票签

次日，杜立德一上班，熊便迎上去说："您老又批错了。"没承想，杜立德这天偏偏明白异常，坚称这一题本自己从来就没看过，接着又发现签纸短了一截（熊赐履改签时裁去原拟所致），便叫来当值的内阁中书，说他作弊，中书不承认，内阁中吵成一团。闻讯赶到的首辅、保和殿大学士索额图站在一边，一时也不能分辨。

正在此时，一个满洲学士过来揭发，说他头晚在亲戚家因丧事守夜，今天过来得早，在南炕上倒着，亲眼看见熊大人进来闷头挑拣题本，还口嚼了一张票签。这一下，熊赐履立刻哑口无言，可怜满腹道德文章，竟化不出一字辩语。索额图本来就对熊赐履心怀不满，就拉着杜立德奏到皇上面前。

康熙帝正在为三藩战争前线吃紧而着急上火，也不多想，便让吏部核查此事。问口供时，熊赐履一语不发。狡诈的索额图便对他说："这本来也不是什么大事，就是审贼，也毕竟要他自己亲供，才能定罪，老先生不说话，如何了结此案？"见熊还是不说，索额图又道："老先生不要担心，就是如今吴三桂、耿精忠，只要自己说出真情来降，皇上也只得歇了，赦了他。这点小事，何苦不言？"熊赐履窘辱备至，只好说："罢了，就是如此罢了！"于是吏部议：熊赐履票拟错误，欲诿咎同官杜立德，改写草签，复私取嚼毁，失大臣体，坐夺官，归里。

其实，偶尔批错个票签，也不是什么大事，就算时当三藩之乱，

清代内阁

康熙帝心情不好火气旺些，也不会拿熊老师怎么样。全怪熊赐履本人将此事看得太重，却不知已将一生讲求的理学看得十分轻了。当杜立德不肯认下这笔糊涂账时，如果熊赐履悬崖勒马，小声认错，也不会弄到后来那样。用他自己的话说，正是"每有一息之差，而成终身之谬"。

熊赐履（1635—1709），字敬修，一字青岳，号素九，孝感人。顺治十四年（1657年），乡试中举。翌年，中进士，选授清书庶吉士。顺治十六年，散馆授翰林院检讨。顺治十八年，授秘书院检讨。康熙二年（1663年），升秘书院侍读。康熙五年，充顺天武乡试正考官。

康熙初，鳌拜跋扈，排挤同僚，蔑视幼主。面对鳌拜的恣意妄为，康熙帝决心肃清吏治，整顿朝纲，康熙六年（1667年）五月，下求直言诏。六月，熊赐履应诏上万言疏，对民情、朝政得失，侃侃而谈，直陈己见。此疏一出，海内传诵。鳌拜恶其侵己，请以妄言朝政治罪，康熙帝不许，说："彼自陈国家事，何豫汝等耶？"从此，熊赐履进入了少年皇帝的视野。康熙七年，熊被升为内秘书院侍读学士。

康熙帝亲政后，熊赐履曾多次上疏，请皇上于临政之暇，接见儒臣，讲求治道。结果得罪鳌拜，被吏部议，降职两级调用，还是康熙帝亲自出面才保住了他。

康熙八年（1669 年），鳌拜被除，罪状之一，便是衔恨熊赐履，意图倾害。由于鳌拜当政时，擅作威福，左右朝廷，上下其手，天下没人敢惹，只有熊赐履以侍读词臣的身份，连续上疏论事，侃侃而无所避，从而博得了个勇敢直

康熙帝便装写字像

言的名声，天下传扬，并因此得到康熙帝的信任和重视，升为翰林院掌院学士兼礼部尚书。

康熙十年（1671 年）二月，诏举经筵大典于保和殿，熊赐履被任命为第一任经筵讲师，进讲《尚书》"人心惟危"一节，原文为："人心惟危，道心惟微，惟精惟一，允执厥中。"这十六字箴言，相传是舜传给禹的为君之道。熊赐履认为这是千古帝王心传之要，万世圣学之源，故将此篇作为首讲，并用理学的观点演绎解释。

此时只有 18 岁的玄烨，胸怀守成兼创业大志，正如饥似渴地寻求外王内圣的君主霸业之道，而熊赐履的理学，正中他的下怀。康熙帝十分迫切，认为仅是经筵进讲，还不解渴，便以"经筵体严时暂"，不利圣学，又命熊赐履为日讲官，每天在弘德殿给皇帝单独讲课。

康熙一朝，道学家的日子过得不错，上谢天恩，下谢熊赐履。熊赐履以朱熹之学进献康熙，使皇帝接收了黄宗羲、顾炎武之学，同时也挽救了理学。康熙朝的理学名臣一大批，熊赐履算得上是御

前首席理论家，头一名帝师。

康熙帝看重的也恰恰就是"经世致用"的学说。熊赐履此时俨然以大清理学第一自居了。《碑传集》卷十一记载这样一件事：

一日，康熙帝曾问熊赐履有什么关于理学的著作，熊便以自著的《闲道录》进呈。康熙帝命取进宫中拜读。第二天，皇上脸色很好，说："朕已披阅了你的《闲道录》，正大精醇，真是斯文一派呀！"不久，又对熊赐履说："懔中崇正辟邪，极为透彻，对于圣王之道很有裨益。"还亲自御笔题了书名——"熊学士闲道录"，放在自己的御用书桌上。

熊赐履也因为道学家的名声，在朝廷内外十分吃得开。康熙十四年（1675 年），熊因为"素有才能，居官清慎"，被授予武英殿大学士兼刑部尚书。既入阁参与机密，又充纂修太祖、太宗圣训，《孝经衍义》，重修太宗实录总裁官等职。有名有利，火得不得了。

其实，熊赐履并非醇儒，其理论并没什么出奇之处，无非捧紧朱子、力诋其余而已；他的学问也一般，不过是熟读四书五经、《性理大全》。但在那时，熟读《性理大全》，善磕头，便可为名臣，老熊已算是庸中佼佼。

嚼签事件，使熊老师脸面丢尽。实际上，事件发生后，由于熊赐履以前名声尚可，门生遍天下，不缺帮他辩护的，而且外人不得见阁中的事。传来传去，多数人相信熊是冤枉的，是为索额图所陷。索额图专横跋扈，打击异己，此时已是人所共知的。

但熊赐履得罪过的人中，有另一位理学家——阴沉多智的李光地。这个李光地入翰林院时正逢熊赐履做掌院，说起来算是熊的半个门生，而且李的出头，颇得益于熊赐履的推荐。但后来二人在康熙帝面前争宠。熊赐履说李光地"一字不识，皆剽窃他人议论乱讲"。李光地自称通《易》理，熊赐履则说他讲《易经》的书"一字不通"；李光地迎合康熙喜好，习观星术，熊赐履则说"天下的星，他一个也认不得"。李光地恼羞成怒，后将嚼签子这件事的原委，打听详细，添油加酱，兴致勃勃地到处宣讲。这一来，熊赐履可就成为士林之羞了。熊的假道学之名声，不胫而走。

熊赐履革职后，没有回老家，想来也没脸回乡。奉母择居在金陵（今南京）城北青溪之莲花桥，后又迁居溪西之清凉台。据江宁织造曹寅密报，他在南京时比较低调，并不与官场人来往，整天与僧人往来，看花读书。

好在，康熙帝还惦记着熊老师。

康熙二十三年（1682年），康熙帝南巡到江宁，熊赐履随众接驾，还被召到行宫，康熙帝亲自慰问垂询。

康熙二十七年（1688年）秋，一个更大的喜讯传来，朝廷任命熊赐履为礼部尚书。但人算不如天算，入都才及两月，老母病逝，熊老师官椅还没坐热，只得回金陵守孝。

还好，第二年，康熙帝二次南巡到金陵，派人上门慰问熊老师，还赐予鹿尾、人参等，并御题"经义斋"额颁赐。

康熙三十年（1690年），守了三年的熊赐履，出了孝期，赶紧跑到北京，被补礼部尚书，仍充经筵讲官。后又改任吏部尚书。熊赐履再起，五任会试正考官，并充任圣训、实录、方略、明史的纂修官。一切仿佛又回到了二十多年前。

然而，"嚼签"案的阴影永远投在了熊老师的心底。

康熙四十五年（1706年），72岁的熊老师终于被康熙帝批准退休。康熙四十八年（1709年）八月，75岁的熊赐履死于金陵。他真够倒霉，死后也差点被人误会为"假道学"。因为在他遗折中，写有他侄子熊本清廉可用之语。康

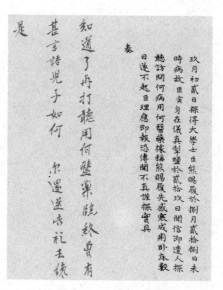

江宁织造曹寅奏报熊赐履病逝密折

这一切，都是"嚼签"一案惹的祸。

熙帝命人查，才得知遗折在路上被人篡改过。熊赐履遗言，死后不回湖广老家。看来他还是有愧。

实际上，除了嚼签子一事，熊老师没有更多的丑闻，可见行止还算过得去，留在外面的把柄不多。比如在今人视为大节的清廉方面，他死后，据江宁织造曹寅探访，家产不过值数千两，看来他并不贪。

细看熊赐履一生事迹，用李光地的话说，若早点死掉，便成完人。——完人自然不是的，不过若无此案，保住醇儒的名声，则不成问题。即便是嚼签子一事，虽然丑些，毕竟算不上什么大凶大恶，只是对一个理学家来说，人格的破产，意味着学说的破产，但奔走御前，要保住人格太难了。

锈迹斑斑的清官册

——从大清第一清官张伯行说起

就在江南士民沉浸在盛大的狂欢喜悦中时，紫禁城中的老皇帝康熙却有着清醒的认识。他发现一些清官并不真实。尤其一些清官为了名誉，刻意自苦，几乎过着不食烟火的生活。而一旦成名，又以清名傲世，作为标榜的资本。他们往往不容他人，不懂包容，甚至固执己见，卷入党争之中。

南方的骚动

康熙五十年（1711 年），从江南传来消息，一些读书的年轻人搞起了"学运"。

原来，本年乡试放榜后，榜上有名的多是扬州盐商，于是有人怀疑背后有官商勾结作弊的黑幕。一时间，舆论哗然。在扬州，气愤的仕子们气势汹汹地冲击了主考官、都察院副都御史左必蕃的家，

《康熙南巡图》中的江南贡院

还把左家的祠堂给拆了。而苏州闹得更邪乎。传言说，本届13名中举者中有5人是通过行贿登榜的，苏州考生千余人聚集在圆妙观，抬着财神泥像，浩浩荡荡地进入府学，将财神像锁在夫子庙的明伦堂上，以泄其愤。学子们高声发表演说，声称本年乡试有作弊之情，并竞相作诗写联，发布歌谣，四处张贴。在南京，考生们将江南贡院匾额上的"贡院"二字用纸糊上，改写成"卖完"，高悬示众……

康熙皇帝派到江南的坐探——苏州织造李煦，抢先向皇帝上密折奏报情况。接着，主持江南乡试的主考官左必蕃和江苏巡抚张伯行的报告也送到了北京。两人的报告均强调本科乡试似乎存在着作弊不公的内幕，应该查办。而另一方面，两江总督噶礼却态度强硬，认为有人故意捣乱，下令将带头的学子捕拿入狱，要治这些考生诬陷闹事之罪。

康熙帝对此事很敏感，下令认真查处，命武英殿大学士、户部尚书张鹏翮、漕运总督赫寿为钦差大臣，迅速赶往江南，与噶礼、张伯行，以及安徽巡抚梁世勋一同"在扬州地方彻底详察，严加审明具奏"。

于是，"江南乡试案"正式立案审理。

十一月二十七日，钦差大臣张鹏翮、赫寿到达扬州，就地设立行辕，着手审理此案。噶礼和张伯行分别由江宁、苏州赶到并协助审案，两江地方相关官吏也都聚集到扬州，一起听审。

通过对有嫌疑的新科举人重新当堂出题复试，发现一个叫席玙的上榜者文理不通，并且其笔迹也与科场原卷不符。审问之下，席玙供认考试时曾夹带文章入场。与此同时，通过审讯，副主考赵晋当堂供认考前确曾受贿，私收黄金300两；阅卷官王曰俞、方名也供认，他们受贿后推荐在卷子中做了暗号的吴泌、程光奎等人为举人。

赵晋等三名考官，被一起收监看管——案子似乎就要了结。然而在进一步的审讯中，忽然奇峰突起。据前任安徽巡抚叶九思的家人李奇供出，赵晋曾将15锭子金子托李奇交给安徽布政使马逸姿的家人轩三，听说是留给总督大人噶礼的。

这一惊人的口供，将所有在场的人都吓了一跳。噶礼面色如灰，拍案怒吼："大胆刁民，竟敢当堂诬陷封疆大吏，应当场拉出去乱棍打死！"张伯行急忙制止，认为犯人口供尚未录全，岂能轻易棒杀，"大人心无芥蒂，何必怕人诬陷？况且钦差在上，自有定夺"。公堂之上，总督、巡抚二人就这样争执起来，一个要把案子审下去，一个非要把案中人李奇打死不可。气氛异常紧张。

后来，提审轩三，但轩三并不承认有此事。之后有人举报，说李奇是在诬陷轩三，且在李奇家中又搜出15锭金子。对此，李奇不服，坚持说是有人事后做局陷害他，以解脱总督及布政使等人。

此时，远在北京的康熙帝一直密切关注案情发展，他认为：

> 目下纷纷议论，皆云审案各大人意见不合。称江苏抚臣张伯行心怀多疑，必欲将金子问在轩三身上；督臣噶礼、安徽抚臣梁世勋则谓从前李奇供金子交与轩三，今又在李奇家问他妻子取出，似属妄扳。各执一见，竟不和同。钦差户部尚书张鹏翮等亦未有定见。

运动与狂欢

谁也没料到，科场案很快就引起了官场动荡。

康熙五十一年（1712 年）正月，张伯行上奏弹劾噶礼，说他"营私坏法，秽迹彰闻数十事，及通同考官为奸，私相庇护状。请即行解任，一并研究"。张伯行是进士出身，文章写得漂亮。此奏尚未上京，已迅速在民间传抄，大家称快，一时洛阳纸贵。

噶礼也不甘落后，急作弹章，奏劾张伯行，并星夜派人驰送至京。噶礼的奏折虽然比张伯行的奏疏晚发出五天，却提前到了康熙帝的手中。

督抚之间如此势如水火，康熙帝一时很难处置。这场较量实际上折射着满族与汉族官员之间矛盾的公开化。噶礼是满洲官吏中"能员"的佼佼者，而张伯行则是汉官中"清官"的榜样。于是，康

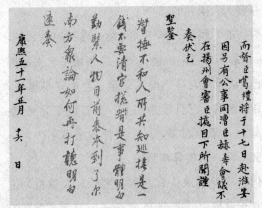

康熙帝对李煦奏折的朱批

熙帝在苏州织造李煦奏报的密折上朱批：

> 督抚不和，人所共知，巡抚是一钱不要的清官，总督是事体明白勤紧（谨）人物。目前奏本到了。尔南方众论如何？再打听明白速奏。

而后，康熙帝采取各打五十大板的策略：下旨将两人解任，听候审理。消息传到江南，不想引起了更大的震荡。

听说张伯行被解职，一场自发的罢市撤业抗议运动突然爆发。张伯行交印之日，数万的拥护者赶到张的邸馆，哭声震动整个扬州城。人们准备组织浩大的请愿团，要赴京为张巡抚申冤。第二天，士民们又扶老携幼聚集张公馆，捧着水果蔬菜，跪求说："公在任，只饮江南一杯水；今将去，无却子民一点心。"众人伏地哭泣，长跪不起。张伯行不得已，收下了豆腐一块、青菜一捆。……与此同时，苏州、松江等地也纷纷出现了罢市抗议的活动。

有趣的是：李煦在给康熙帝的密奏中提到，驻防的满洲八旗兵丁也举行了罢市，以声援噶礼。

这问题就严重了，远在江南，从官方到民间两个层面上，满汉的冲突都公开出现了——这是最令康熙帝担心的情况。

康熙帝让张鹏翮以钦差大臣身份就便将"督抚互参案"一起审理。张伯行却在奏疏中提到张鹏翮的儿子现任怀宁县令，受制于总督噶礼及地方各官，因此在审理乡试案中，恐"不无瞻顾"。这引起了张鹏翮的不满。因此，在审理督抚互参案中，张鹏翮对噶礼多有偏袒。尽管扬州城内民间运动风起云涌，全城学子上书陈情，为张伯行鸣不平的歌谣及大小揭帖贴满全城，但张鹏翮却视而不见。最后，审理的结论是：张伯行"所奏全虚，应革职，问徒折赎。总督（噶礼）所奏，有实有虚，应留任"。

张伯行被移送苏州候旨时，扬州城的民运再次达到高潮，数万士绅市民齐集江岸护送。张伯行到达苏州时，苏州士民齐集枫桥迎接，供献果品菜蔬者源源不断。

一次官员押解竟引发了一场群众狂欢秀。

康熙帝得到江南群众运动的真实消息后，担心激出民变，又派户部尚书穆和伦、工部尚书张廷枢，一满一汉，前往江南再审。

同时，康熙帝还试图以一种温和文雅的方式来调解噶礼与张伯行之间的冲突。他御笔亲写诗扇一柄、单条一幅，赏给李煦，暗示他出面进行调解。李煦将御赐写有"官箴乏协恭"诗句的诗扇，分别展示给了噶礼与张伯行。二位新到的钦差大臣也希冀从中调解。

然而，调解无效，钦差大臣只好取了两个人的亲供，议定张伯行革职免徒，噶礼免议。张伯行再次返回，苏州又一次出现迎接清官的空前盛况：从枫桥至葑门，二十余里，各家排香案恭迎，儿童父老，填塞街巷。

钦差大臣们的复审报告交了上来，康熙帝并不满意。他的心里也一直在激烈地斗争："张伯行居官清正，天下之人无不尽知，允称廉吏。至于和不如守，果系无能。噶礼虽才具有余，办事敏练，而性喜生事，并未闻有清正之名。"

一个能员，一个清官，怎么办？

康熙帝斟酌再三，最后，天平竟然倾向了张伯行一方，或者说是汉员与江南乡绅的一方。这无疑是从统治天下的大战略为

地方大员出行的仪仗

出发点的。康熙帝解释说：

> 朕听政五十余载，凡满汉大臣皆当知朕之居心。满汉俱系
> 朕之臣子，朕视同一体，并无分别。无知之辈，且谓朕为何不
> 庇护噶礼。朕乃天下之主，凡事惟顺理而行，岂可止庇护满
> 洲？……满汉大臣毋谓朕偏向汉人，朕至公无私之心，天下
> 共见。

于是，康熙帝在回复审理督抚互参案的钦差大臣的上谕中说："噶礼屡次具折欲参张伯行，朕以为张伯行操守为天下第一，断不可参，手批不准。谕旨见在噶礼处。此所议是非颠倒。"并严厉斥责说："尔等俱系大臣，既知张伯行清官，当会议时，何无一言？今朕既有谕旨，尔等方赞其清，亦晚矣！"

十月十二日，康熙帝下旨：噶礼革职，张伯行革职留任。

消息传到吴中地方，士绅百姓欢声雷动，门上张贴榜文："天子圣明，还我天下第一清官。"士民扶老携幼，齐赴圆妙观，焚香结彩，拜谢浩荡皇恩。而在京的江南士民，也策划了一个大的配合行动，数万人集结，持香跑到畅春园，集体跪奏，纷纷表示愿各减寿一岁，祝愿皇上圣寿万万年，以表达感激之情。对此，康熙帝很是受用。而在张伯行做过巡抚的福建省，也出现了类似的大型民间活动，与江苏、北京遥相呼应。

一场清官与绅民的狂欢运动，由于康熙帝的加入，达到了高潮。

清官综合症

就在江南士民沉浸在盛大的狂欢喜悦中时，紫禁城中的老皇帝康熙却有着清醒的认识。

奖廉与惩贪是康熙帝察吏的重点内容。他认为：吏治之道，惟清廉最重。他在《廉静论》中指出："吏苟廉矣，则奉法以得民，不枉法以侵民；守官以勤民，不败官以残民。民安而吏称其职矣，吏称其职而天下治矣。故吏尤以廉为贵也。"

康熙帝一向注意在地方官吏中发现并培养清正廉洁的正面典型，大肆表彰，树立标兵，以激励百官，澄清吏治。此前，他曾先后发掘并着意培养过大、小于成龙等一批清官。

然而，到了晚年，康熙帝发现一些清官并不真实，"或分内不取而巧取别项，或本地不取而取偿他省。更有督抚所欲扶持之人，每岁暗中助银，教彼掠取清名。不逾二三年，随行荐举"。尤其一些清官为了名誉，刻意自苦，几乎过着不食烟火的生活。而一旦成名，又以清名傲世，作为标榜的资本。他们往往不容他人，不懂包容，甚至固执己见，卷入党争之中，甚至像汤斌、小于成龙这样的角色也未能幸免。

再回到张伯行。他虽然以清官的名牌战胜了噶礼，但康熙帝对他还是有所保留的。康熙五十年（1711年）三月，康熙帝曾对大学士说："夫官之清廉，只可论其大者。今张鹏翮居官甚清，在山东兖州为官时，亦曾受人规例。张伯行居官亦清，但其刻书甚多，刻一部书非千金不得，此皆从何处来者？此等亦不必追究。两淮盐差官员，送人礼物，朕非不知，亦不追求。"看来，在康熙帝眼中，张伯行也并非一点污点都没有。

另外，张伯行也确有表演太过之嫌，他为了"标榜"自己，甚至不惜伤害其他清官的面子，比如张鹏翮。

张鹏翮也是康熙朝的清官之一，曾做过张伯行的上级，对他有恩。当年张鹏翮为河道总督，张伯行在他的手下工作了三年。康熙四十一年（1702）年，正是张鹏翮将张伯行题补为山东济宁道，为张伯行提供了一个表演的平台，并在荐语中写道："尽心河务，勤敏趋事，为人诚实，卓然有守。"也正是从此，张伯行的名声才开始鹊起。

然而，无论在乡试案还是督抚互参案中，对于这个曾经对自己有恩的钦差大臣，张伯行为了自己的名声，一点没给他面子，而且还在奏疏中提到张鹏翮"不无瞻顾"之语，搞得张鹏翮很不高兴。为此，两个"清官"之间结下了梁子。

清官张伯行出名后，眼里更不容人。康熙五十二年（1713年），江苏布政使空缺，张伯行推荐了几个人选，康熙帝都没有采纳，而是将湖北布政使牟钦元补授。不久，张伯行开始参劾牟钦元，说他私通并藏匿海盗张令涛为幕宾，同时还揭露张令涛之兄张元隆"交通线索，领取照票，在海上行走"等案。

康熙帝有点不高兴了，命新任总督赫寿审察，报告说查无实据。第二年十一月，康熙帝又命吏部尚书张鹏翮与副都御史阿锡鼐前往镇江密查，也没结果，两人联名回奏，说张伯行屡次捏造有海贼等无影之事诳奏，请将张伯行革职。

康熙帝觉察到张伯行挟势作威，有些太不自重了。比如张元隆"行走海上"之案，张伯行要求将涉案的原任将军马三齐一同解送江南质审。康熙帝认为："张伯行居官固清，为与马三齐不合，乘机奏请发审。马三齐之父阵亡，伊身又系大臣，不可遣往江南听审，着兵部取口供行去。"

凡武官不可責之過於清如陳璸之清留禍於後官以至臺灣之反其來有自作大官者頗要得體寬嚴和中平安無事方好若一味大破情面整理一番恐其多事而得罪者蓋酒留心斟酌

御覽

康熙陸拾年捌月初壹日

康熙帝关于清官的朱谕

十二月二十日，康熙帝对大学士们说："布政司（使）牟钦元居官甚好。巡抚张伯行以牟钦元交通海贼题参一事，曾遣张鹏翮往审，继张鹏翮折奏时批旨，令张鹏翮同张伯行领兵于有海贼处亲身往拿。此一事皆多疑所致。日前总督赫寿闻此消息，坐小船往黄天荡探察，皆妄耳。张伯行操守虽清，为人糊涂，无办事之才。原任知府陈鹏年系有才之人，张伯行此前全赖陈鹏年办事。今陈鹏年召进，无相商之人，故致每事桀错。且张伯行奏称，噶礼下人甚众，欲杀我为噶礼报仇，皇上亦须防备。此皆无影响之事。特因索幕宾不得，遂起衅端。总督、巡抚谁无幕宾七八人，若为此生疑隙，亦非大臣之体也。"康熙帝还说："清官多刻，刻则下属难堪。清而宽，莫善于是。过恃其清，可乎？宋代朱子云：居官人清，而不自以为清，始为真清。为君者亦宜宽，不可刻。"

康熙五十四年（1715年）二月，康熙帝又说："朕看张伯行尚未心服，伊操守虽清，总因不能办事，衙门案件堆积，连年未结，以致拖累多人，经时羁候，不得归田耕种，民皆怨之。纵不爱钱，于地方何益？今怀挟私仇，妄称海洋有贼，自盛京至直隶之天津，山东之登莱，江南之京口，浙江之宁波、定海，以及福建、广东沿海之地。总督、巡抚、将军、提督、总兵官现各镇守，并无一人以有贼报闻，岂皆受张元隆之贿，隐蔽而不发乎？盛京将军系满洲、浙江总督范时崇忠节之后，是皆世受国恩，断不负朕。朕亦不信有贼之言，岂张元隆之力能得之于朕乎？今海上已无大伙贼盗，至小偷何地无之？即辇毂之下，亦不能尽除。……张伯行始奏有贼首四十余人，继奏又有一百余人，至今并无踪迹。虽与噶礼有仇，死后亦当释然，更何疑何惧而为此情状？又甚至具折密奏，谓朕出入亦当小心，又极可笑。张伯行向曾奏称，臣无以图报，惟期风移俗易，家给人足。乃抚吴几载，风俗未见移易。近闻苏州百姓生意渐至消耗，米价初只七钱，今长至一两六七钱，民食维艰，所云家给人足者何在？巡抚乃封疆大吏，当诚心为朝廷效力，俾地方有益，不当无其实而出大言，以欺世盗名。汤斌为江宁巡抚时，所出告示内云：爱民有心，救民无术。此岂大臣所宜言？熊赐履居翰林时，曾上万言书，人皆称其切当，及涉历政府，其书中所陈，能见诸施行者有几？朕自幼好学，听政年久，从未敢以夸诞之词轻出诸口，正为此也。今但令伊身入海，直抵贼巢查拿，纵不能尽行拿获，而拿获真赃真盗，有名贼首，亦可以为证据。事君之道，不欺为本。若不能获贼，则所言皆虚。欺妄之处显露，伊亦无词以对矣。张伯行着暂停革职看守质审，务以查拿贼盗详审具奏。"

康熙帝这一系列的重要谈话，实际判了张伯行的死刑。

后来，张伯行果然没有抓到真的海贼，刑部上疏，认为张伯行"以海上有贼，欺君妄奏，监毙良民数人，皆真"，请求将张伯行照律拟斩监候，秋后处决。康熙帝批示："张鹏翮回时，将张伯行带来，到日再行具奏。"

康熙五十四年（1715 年）十一月二十三日，张鹏翮带着张伯行来到康熙帝面前。康熙帝嘲讽张伯行道："尔奏称海上有贼，缉获几人带来？"张伯行说："海上无贼，闻有捕鱼之人为盗，所以奏陈。"康熙帝又说："尔所奏疏内，尚劝朕宜防备，何言捕鱼之人耶？"张伯行回答："臣惊惶具奏，此皆臣之罪。有何辩处？"康熙帝说："授尔为巡抚时，尔曾奏务使移风易俗，家给人足，以报皇上。今之移风易俗，家给人足安在？"张伯行回奏："臣立志如此，因无才干，故不能行。"康熙帝说："尔实无才干，并不读书，尔所修之书，皆不过他人代修耳。岂尔自修者耶？"说罢，又对张鹏翮说："尔所审如何？"张鹏翮回奏："审得海上无贼，委系张伯行惊惶具奏。"康熙帝于是对众大臣们说："一切本章俱宜切实，敷陈虚语闲文，虽多何益？张伯行所奏，俱系空言，并不能行。朕几次欲将张伯行提审，念其清廉，是以中止。姑调来引见。由今观之，甚是粗鄙，直未曾读书者，不可为封疆大臣，有钱粮小地方尚可用之。……"

虽然，康熙帝免了张伯行的死罪，但总忘不了对这个曾经的"清官"进行挖苦揶揄。康熙帝曾召进张伯行，"令讲'民可使由之，不可使知之'之处，彼全不能讲。所讲之语尽非"。康熙帝又问他从前所著之书，是不是请人捉刀代笔。张回答的确是他人为之。康熙帝嘲笑道："张伯行自谓知性理之书，性理中之《西铭》篇尚不能背诵，以为知性理，可乎？凡人不通五经四书，如何能讲性理？昔者汤斌、徐乾学、徐元文、熊赐履记得书最多，李光地所记亦多。朕博览载籍，即道书、佛经无不记识，讲即讲，作即作。若以朕为天纵使然，此即逢迎朕者也。张伯行为巡抚时，有人逢迎，彼即高兴。"

当然，对于康熙帝的追问，张伯行迫于压力，不得不这样承认。

而且各种迹象表明：张伯行自战胜了噶礼后，已出现了严重的强迫症的症状：他总感觉到有人要行刺自己。康熙帝曾密谕李煦调查此事。李煦调查后，报告说张伯行"一怕海贼杀他，一怕仇人（噶礼一派）行刺"，总是抱怨"恨我之人甚多，必遣刺客害我"，于是他"将上得门生武举人罗智、张廷彪等，招集衙门，复拣本城善于拳棒打降之徒，环聚官署，刻刻防闲"。甚至一次他例应会同总督前往常州会审秋决，由于上述的担心，竟没敢露面。

看来在清代，有时清官与疯子只是一步之遥。

《长生殿》的台前幕后

　　"国丧演剧"事件虽然断送了洪昇的仕途，却在某种程度上使《长生殿》名气越来越大。后来，朝廷政策渐渐宽松起来。洪昇又迎来艺术上的另一个春天。然而盛极之后，洪昇自江宁返杭州，过乌镇时却不幸因酒醉失足落水，一代杰出的剧作家竟这样离去了。

　　清代康熙年间，是中国戏曲发展史上的一个黄金时代。康熙帝本人对戏曲十分偏好，且颇有研究，这也促进了戏曲的繁荣。时逢盛世，文艺兴旺，当时戏剧界出了许多名人。其中尤以著名剧作家洪昇最为传奇。

　　康熙二十八年（1689 年）八月，京城的某个私人宅园里，一场戏剧晚会正在进行。这是一个非常私密的晚会，但绝对算得上全京

《康熙南巡图》中的众人观戏场景

城档次最高的。上演的戏剧是当时最流行的《长生殿》。

《长生殿》是出大戏，需要大量的人力物力，耗资巨大，非一般人家可以承受。而且本次演出阵容强大，并不是什么私人的"家伶"或草台班子，登台演出的是本剧首演的原班人马——京城最负盛名的内聚班。

这场演出，是为了一个人的寿宴。这个人就是《长生殿》的原创作者，帝国戏剧界"大腕"级的作家，"北孔南洪"中的"南洪"——洪昇。这无疑是帝国文艺界的一次盛会。除了文艺界人士、社会名流，很多政界高级领导也亮相于狂欢的人群中。

"北孔"就是《桃花扇》的作者孔尚任。

月上东山，檀板遏云，清歌凝风。

当舞台上唐明皇与杨贵妃的爱情悲剧进入高潮的时候，一队官兵包围了洪家宅园。为首的军官出示了来自上层的手谕：国丧期间，张乐聚会，大不敬，奉旨封禁。全部在场人员，一律拘押。

这场有计划的大缉捕行动，很快就传遍了京城。有传言说，这是由于某个政界重要人物发了话，才引发的严打。而后果然有给事中黄六鸿以国恤张乐为大不敬之罪名，上章弹劾。理由是孝懿皇后佟氏于前一月病逝，此时犹未除服，"是日系国忌，设宴张乐，为大不敬，请按律治罪"。

接下来，皇帝的谕旨很快下到了刑部。五十多个被卷入其中的人均被议处罚。侍读学士朱典、赞善赵执信、台湾知府翁世庸等人，都被革职。而本场悲剧的主人——那位在帝国国学（国子监）中挂了近三十年空名的洪昇，在被国子监除名后，投入刑部大狱。

真可谓"可怜一夜《长生殿》，断送功名到白头"。

洪昇（1645—1704年），字昉思，号稗畦，另号稗村、南屏樵者，浙江钱塘（今浙江杭州）人。他生长在一个"累叶清华"的书香世家。外祖父黄机，擅长翰墨，博学多才，康熙时官至文华殿大学士兼吏部尚书。洪昇自幼从名师攻读经史，后来渐渐显露出文学天才。20岁那年，完婚后的洪昇开始发愤，入南屏寺僧舍苦读制艺，

洪昇之妻叫黄兰次，兰次为黄机的孙女，黄彦博（洪昇舅父）的女儿。

准备走仕途之路。

康熙七年（1668 年），洪昇终于获得了机会，前往北京的国子监就读。这个文艺青年入京后却发现，仕途并不如他想象的那么容易。一年后，他情绪低落地返回了南方。之后，经过一段时间的反思，洪昇开始尝试另一种生活——诗人的生活。他仗剑轻裘，再次北上，游荡于直隶、河南一带，凭吊古迹，探幽访贤。回乡不久，又出游严州（今浙江建德）、绍兴。这种浪子的生活，自然不能受容于书香世宦之家，父母不满他的行为，与他断绝了关系。从此，仕途无望、失欢双亲的年轻文艺爱好者洪昇，再次离家北游。此后，便像个孤魂一样飘然于当涂、芜湖、江宁（今南京）、开封之间。

大约从康熙十三年（1674 年）开始，洪昇的影子出现在了北京的街头。这时，他不过是一个囊空羞涩、衣食无着的穷艺术家而已。

如同所有"北漂"所经历过的一样，洪昇不得不四处奔走，投诗于宦门，寻找机会。还好，内阁学士、经筵讲官李天馥读到了他的诗，十分欣赏他的文才，于是将他留在府中授馆。"出则后车载，食则四簋具"，两人常一起切磋诗词，讨论歌赋，有时谈至深夜。

有豪门豢养，对于封建社会的落魄文艺后生来说，实在是一种最好的境遇。

不久，另一个著名的学者型干部——户部侍郎王士祯读到了洪昇的诗集，也十分赏识，收他做了门生。从此，洪昇慢慢在京城文坛站住了脚跟。

康熙十七年（1678 年），清廷诏举博学鸿儒。洪昇携家至京，原想有所收获，可惜没找到合适的推荐人，未能搭上仕途的顺风车。

北京毕竟是首善之都，人文荟萃。洪昇好交游，文学底子又相当好，加之在北京有一大堆亦官亦儒的文艺界朋友，包括施闰章、孙枝蔚、陈维崧这样出身于博学鸿儒科的大家，可想而知，浸淫其中，洪昇在学问上一定会有精进。但如何生存却始终是令他最为困扰和头疼的问题。生活的穷蹙使他饱尝了冷眼酸辛，郁积着"亲知把臂他乡少，贫贱论交此地难"（《柬李东琪》）的不平和愤慨。这年除夕，他写道：

牢落仍如故，年华忽又新。一家歧路哭，六载异乡人。

腊尽难留夜，星移转入春。灯前对儿女，脉脉转思亲。

由于坎坷的生活经历，洪昇用戏曲来抒发自己情感的创作冲动越来越强烈。康熙十八年（1679年），洪昇动笔修改了反映唐明皇与杨贵妃爱情故事的旧作《沉香亭》，更名《舞霓裳》，并取得了演出的成功。从此，他的创作偏重于戏曲，而生活也随着创作的转型愈加戏剧化。

《舞霓裳》写成不久，洪昇的父亲失宠被革职谪戍，洪昇闻讯后，号泣南奔，欲尽人子之孝。到了杭州后不久，戏剧的一幕突然出现：大约腊月间，康熙皇帝因太和殿遭遇火灾，颁诏天下，施行大赦。洪昇之父因而获免获释。洪昇经历此大悲大喜之事，不觉感慨万分，叹人生悲喜变幻无常。回京后，他以更大热情投入到戏剧创作中。

为了事业，洪昇不得不求助于政治文人的庇护。他开始结识更多的朝廷人物。甚至，他还走门路，参加了一次朝廷举行的护送某皇妃灵柩归葬山陵的活动。

康熙二十二年（1683年），他南游苏州，结识了江宁巡抚余国柱。这个人后来成为明珠一党的核心人物。在苏州期间，洪昇甚至用余国柱馈赠之金娶了苏州歌妓邓氏为妾。后来，步步高升的余国柱被调到中央，当上了户部尚书（相当于现代的财政部长），之后又升为武英殿大学士，与明珠联手擅权，人称"余秦桧"。在京期间，洪昇也受到过余部长的许多关照，曾写寄大冶余相国诗，中有"八口羁栖屡授餐"、"身微真愧报恩难"之句。

这一结识，可以说改变了洪昇的后半生。

"国丧演剧"事件，在很长一段时间里，一直成为人们议论的热门话题。

后来，渐渐有人揭出了更深的内幕。

此前一年，朝中的"南党"徐乾学、高士奇嗾使御史郭琇公开弹劾内阁权臣明珠，导致明珠被逐出了内阁，余国柱被罢相。但明珠依然得"交领侍卫内大臣酌量任用"，势未全圮。人们有理由相信，这一事件不过是徐、高之流打击明珠、余国柱一党的行动余波。

徐乾学像

——洪昇与余国柱关系一向密切，曾在其门下搵过食；涉案的查慎行是明珠儿子纳兰性德的老师；赵执信一向与掌院学士徐元文（徐乾学的弟弟）不对付……

原来，一切都是党争惹的祸。党争，是康熙朝文献中常见到的一个词。

党争像一场热闹非凡的戏剧，一直在上演着。许多人都"有幸"成为了这部热剧的角色，洪昇这样的文艺界人士也不由自主地被卷入其中。

关于这场祸事的真实原因还有一种说法。据清代戴璐的《藤阴杂记》所载，实是由于黄六鸿挟嫌报复所致：这位弹劾上奏的给事中黄六鸿当初任知县时，曾将"诗稿土宜同致于赵执信"，而一向高傲的赵执信竟然对他的诗稿不屑一顾，说："土宜拜登，大稿璧谢。"意思是，土特产我笑纳了，您的诗稿还是完璧归赵吧。黄六鸿本来想附庸风雅，企盼得到这位名人对他诗作的揄扬肯定，没想到碰了个灰头土脸，大为恚怒，怀恨在心，伺机报复。正如清初的"明史案"不过是由一个归安知县吴之荣敲诈不成而挟私讦奏一样，仿佛这件祸事的基本原因也是那样偶然。但细细想来，这又何尝不是清廷大兴告讦之风，滥起文字狱以巩固其统治的一种必然呢？但除此之外，恐怕洪昇自己恃才傲物、一贯嫉恶如仇的性格，和《长生殿》一曲本身所选取的令统治者极为敏感的历史题材，以及个中潜在的民族意识，大概都难免不是他取祸之源。

"国丧演剧"事件虽然断送了洪昇的仕途，却在某种程度上使

《长生殿》名气越来越大。

　　洪昇突遭劫难，在京中备受白眼揶揄，带着妻子跑到西山躲了一阵，但终于由于压力太大，不得已在康熙三十年（1691年）离开了定居近十七年的北京，返回故乡杭州。回乡后，他疏狂如故，放浪西湖之上，写诗、填词、作曲，全然一副艺术家的风范了。

　　渐渐地，朝廷政策也开始宽松起来。洪昇又迎来艺术上的另一个春天。

　　事发六年之后，即康熙三十四年（1695年），《长生殿》付刻，由洪昇的老友毛奇龄作序，序中说："予敢序哉？虽然，在圣明固宥之矣。"明确指出：康熙帝已不再追究这部剧本了。

　　康熙三十六年（1697年），一个以文臣自居，同时又好做艺术家经纪人的朝廷省部级官员——江苏巡抚宋荦命人安排演出《长生殿》。戏台设在开阔的河岸边，水陆观者如蚁，极一时之盛。洪昇作为资深的老艺术家，这一次得到了最高级别的招待。在宴席上，他"狂态复发，解衣箕踞，纵饮如故"，全然一副名士忘我的境界了。

　　之后，《长生殿》在吴山、松江等地相继上演，大获成功。康熙四十三年（1704年），应江南提督张云翼的邀请，年已六旬的洪昇乘兴游松江，再次受到热情款待，被安排坐上宾之席，会见当地名流，享受美酒佳肴，观看艺人扮演《长生殿》；三军将士，都以能结交洪昇为荣。江宁织造曹寅闻讯，也派人将洪昇请到江宁，集南北名流为盛会，独让洪昇居上座，演出全本《长生殿》，历三昼夜始毕。

　　盛极之后，洪昇自江宁返杭州，路过乌镇时却不幸因酒醉失足落水，一代杰出的剧作家竟这样离去了。

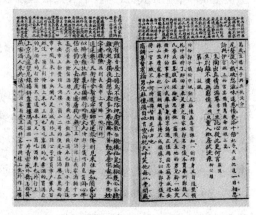

《长生殿》内页

"大内密探"们的红楼一梦

康熙朝著名江南三织造都是"包衣"的身份。其中，最出名的则属江宁织造曹家，也就是《红楼梦》作者曹雪芹的祖上。这些人，有着特殊背景，用今天的话说：实乃"大内密探"也！康熙一死，雍正上台，"树倒猢狲散"。雍正帝以亏空为由，抄了曹家。大内密探的红楼一梦就此告一段落。

《红楼梦》里有这么一段文字，一个很势利的赵嬷嬷对王凤姐唠叨：

> 还有如今现在江南的甄家，哎哟哟，好势派！独他家接驾四次，如不是我们亲眼所见，告诉谁谁也不信的。别讲银子成了泥土，凭是世上所有的，没有不是堆山填海的……

王凤姐不明就里，刨根问底。赵嬷嬷又道：

> 告诉奶奶一句话，也不过是拿着皇帝家的银子往皇帝身上使罢了！谁家有那些钱买个虚热闹？

历史上确实存在过这么一些拿着大把皇家银子玩的人，《红楼梦》的作者曹雪芹的祖上就是其中之一。

这些人，有着特殊背景，实乃"大内密探"也！

康熙三十七年（1698年），一个出身卑微的孙姓家仆纠集了一群社会混混，冲进一位受人尊敬的苏州士绅家中打砸闹事，后来又当街抓到该士绅，沿街殴辱。被殴辱的士绅，名叫陆经远，是康熙二十一年的进士，做过知县、御史、国子监丞、通政使等官，还是当朝大学士徐元文的外甥。当时的昆山徐家，那是很厉害的望族，三代都有人在朝中做大官，势焰很旺，地方上无人敢惹。居然有人

江宁织造府图

敢惹徐家，那简直是老虎嘴上拔毛。

然而奇怪的是，事件发生后，徐家迟迟没有反应，地方各级官府也没有及时介入，而是推托他由，采取观望态度。后来，竟由苏州织造出面主持公道，地方官才敢跟进立案。

后经查明，这个打人的家仆，叫孙云，原来是苏州织造府内司库（满语叫乌林达）李永寿在苏州当地买的一个家奴。这个姓孙的家奴，后来被苏州织造李煦捉交当地官府治罪。而对于幕后的主子李永寿，地方官不敢得罪，而由李的主子苏州织造大人李煦说了算。李煦上奏康熙皇帝说：

> （李永寿）系包衣下人，不思安静谨慎，仰报皇上洪恩，辄混买无赖之徒，平日不能教训，临事不能约束，以致殴官抄抢，则狗纵之愆，臣不能为李永寿宽也。理合指参，听候皇上批发包衣大人严加议处，以为不职之戒。

由此可知，正因为李永寿有个特殊的身份——"包衣"，昆山徐家及地方官们才如此投鼠忌器。

082

满洲的八旗制
度，起源于17世纪
初清太祖努尔哈赤时
期。八旗制是军事和
民事双重控制的手段
——普通士兵登记在
旗，其家庭也是如
此；军事纪律与广泛
的平民登记结合起
来；士兵耕种土地的
收入维持全旗人员的
衣食所需。

上三旗指镶黄
旗、正黄旗、正白
旗。

何谓"包衣"？

汉语"包衣"是满语的音译，意思是"旗下家人"。"旗"者，"八旗"也。通俗地说，就是八旗的奴隶。自八旗制度建立，它就开始出现了。

第一批包衣是私人家庭中的奴隶。他们或是在战役中被俘虏的敌方成员——蒙古人、汉人、朝鲜人，或是罪人家族成员，或者是由于贫困或脱离家族自愿成为奴隶的人。一旦成为奴隶，他们及其后代就永远保持这种身份，可以被其主人自由买卖。大约公元1615—1620年间，满族统治者依照八旗形式，将包衣纳入旗下，设为佐领、参领建制，被组织起来的包衣直接受控于皇帝或各旗亲王。后来，上三旗包衣的后代成为皇帝的家奴。

康熙朝著名江南三织造都是"包衣"的身份。其中，最出名的则属江宁织造曹家，也就是《红楼梦》作者曹雪芹的祖上。曹家的祖先大约在1621年沈阳陷落时，沦落为包衣；李家的祖先也大约于1642年进入了包衣序列，这两家都属正白旗（上三旗之一），后来成为内务府包衣，皇家的家奴。

可不要小看了这些家奴，比起八旗中的那些自由人来，虽然理论上是奴隶，但他们的地位十分有利，因为皇帝可能视其为亲信，自由地任命他们去代理执行许多在过去其他朝代由太监来做的秘密或有利可图的工作。清朝接受明末太监乱政的教训，明令太监不得干政，只能从事一些洒扫庭除的宫内粗活。同是奴隶身份，包衣就要运气许多。这不只因为他们没有受到阉割之苦。大多数包衣没有官职，但在皇宫中担任侍卫或杂役，才能出众、运气好的可做到六品郎中和员外郎，像曹寅的父亲曹玺死后封为工部尚书衔的，算是极品了。很多包衣由于表现出特殊才能，被皇帝选中承担某种特殊任务，成为皇帝下派到地方的名副其实的"大内密探"。

要成为皇帝的亲信，除了才能与运气，还要有一些外围的东西。比如，曹玺的妻子孙氏，在二十出头时做过皇子玄烨（即后来的康熙皇帝）的保姆。史载康熙皇帝对皇子时期的保姆十分关照，康熙二十三年（1684 年）孙氏的丈夫去世时，康熙帝曾亲自上门慰问；康熙三十八年（1699 年）康熙帝第三次南巡时，还正式召见过她，并亲笔写下"萱瑞堂"之匾。

　　虽然只是六品内务府官员（员外郎），但曹家在江南一度势力很大，地方上官绅都巴结他，因为他有向皇帝打小报告的特权。

　　曹寅是个比较谨慎的人，也懂得低调。清代笔记上记载，他在路上总是看书，有人问他为什么，他说因为路上谁都与他打招呼，为了回避，只好装着在看书。

　　曹家拿着皇帝的银子往皇帝身上使的游戏，主要是指康熙皇帝南巡。康熙皇帝一生南巡了六次，其中四次都是由曹家接驾，江宁织造府成了康熙帝的临时行宫。康熙四十四年（1705 年）第五次南巡，由于曹寅接驾有功，康熙帝还授予曹寅通政使的职衔。

　　因为皇帝信任，美差便可世袭。曹寅死后，康熙帝批准曹寅儿子曹颙继承江宁织造，两年后曹颙死，曹寅的养子曹頫（曹雪芹的父亲）又继任。

　　在康熙一朝，江宁织造不仅成为曹家的"世袭"职务，而且以曹寅为中心的江南几处织造形成了南方的一个握有政治、经济、文化特权的豪族集团。李煦是曹寅的内兄，孙文成（杭州织造，镶黄旗包衣出身）不仅是曹寅的"娘家人"，而且也是曹寅保举的。这就是后来《红楼梦》中"四大家族"的蓝本。

　　曹家三代四人做江宁织造，捞了不少的钱，但差事却越做越差，亏空很大。康

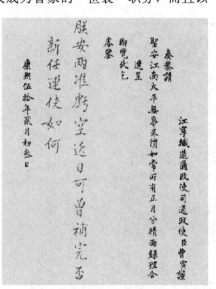

曹寅给康熙帝的奏折及康熙帝的朱批

曹家接驾的壮观场面就是《红楼梦》中"元妃省亲"中的桥段。

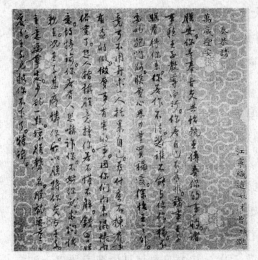

雍正帝朱批曹頫奏折

熙皇帝曾警告曹家"亏空太多，甚有关系，十分留心，还未知后来如何，不要看轻了"。

果然，康熙一死，雍正上台，"树倒猢狲散"。雍正五年（1727年）底，雍正帝以亏空为由，抄了曹家。"大内密探"的红楼一梦就此告一段落。

一位因和田玉掉了脑袋的大清朝廷命官

皇帝玩大的，也允许下面奴才玩小的。当然，如果下面官员玩得太 High，忘了游戏规则，那也只好认栽。乾隆四十三年一个叫高朴的朝廷命官就因此掉了脑袋。

清代的乾隆皇帝是历史上有名的顽主，在位六十年（还不算四年的太上皇生涯），吃、喝、玩、乐，什么都没拉下。别的不提，就说玩玉吧，在上下五千年中华文明中，也找不出第二个能与他匹敌的。没辙呀，人家是盛世皇帝，出手绰、气魄大，一玩就玩"史诗性"的，都按国家工程的规格来玩，谁玩得过？

乾隆爱玉，人称"玉痴皇帝"。在玩玉上，他有两点做得前无古人、后无来者：一是扩大内务府造办处"玉作"制造工场，造出大量精美玉器，不为宝藏，只为赏玩，使玉器从传统"事神"的肃穆礼器中解脱出来，华丽转身成为精美的艺术品，现代人都知道"乾隆工"这个词，那是赏玉、玩玉界最高段位的一个褒誉。不客气地说，乾隆时期

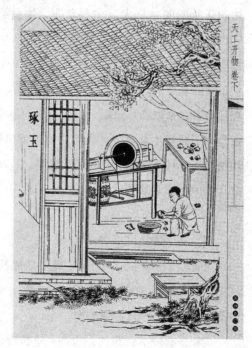

《天工开物》插图"琢玉"

的玉器工艺是中国玉雕艺术史上顶峰。第二点，就更厉害了。乾隆帝在位时期，对和田玉进行了历史上规模最大一次的开采。乾隆二十四年（1759年），乾隆帝完成了对新疆地区叛乱的剿抚工作，设立驻防大臣，以进一步治理。同时，他启动了和田玉大规模的官家采买。那可是一个国家级"重点工程"。

和田（当时称"和阗"）地处新疆南部，多山，属昆仑山脉系。和田盛产美玉，两千多年前的《周礼》等书，已有关于昆仑山产玉并作为"贡品"运到中原进献的记载。

清政府收复回疆后，那些得胜将军和归顺的当地部族首领，都每每挑和田上等好玉作为贡品源源不断地进呈乾隆皇帝，供宫中造办处的匠人根据皇帝旨意，雕琢成美器。对此，乾隆皇帝非常得意，他特制碧玉刻诗大盘作为纪念（现在养心殿后寝）。

乾隆三十三年（1768年），在叶尔羌（今叶城）西南约四百里处的密尔岱山又发现了大型山玉矿藏。当时新疆玉开采归朝廷专营，由朝廷所派的办事大臣主要负责，协商当地部落首领，组织地方"玉农"进行开采。无疑，为了满足皇帝的个人嗜好，最受盘剥的是那些底层的"玉农"，和不得不忍受各种理由高价买玉的小商小贩们。而管理者利用手中权力，从中操控，获得不小的利润。对此，乾隆皇帝也采取睁一只眼、闭一只眼的态度。底线是：皇帝玩大的，也允许下面奴才玩小的。当然，如果下面官员玩得太过，忘了游戏规则，那也只好认栽。乾隆四十三年（1778年），一个叫高朴的朝廷命官就因此掉了脑袋。

高大人驾到

乾隆四十一年（1776年），乾隆皇帝下谕，委任高朴出任新疆叶尔羌办事大臣。一开始，高朴似乎对这个新差事并不十分感冒，直到第二年四月，他才姗姗到岗。

高朴是有理由犹豫的。也许，这位政治新星自认为本来应该有着更好的前程。

在御制《和阗玉》诗中，乾隆写道："和阗昔于阗，出玉素所称，不知何以出，今乃悉情形。"还说："回城定全部，和阗驻我兵，其河人常至，随取皆瑶琼。"

高朴出身于显赫的皇亲国戚之家。祖父高斌，曾任军机大臣、文渊阁大学士、吏部尚书；堂叔高晋，曾任两江总督、文华殿大学士；父亲高恒，曾任两淮盐政，后因侵蚀盐引余息银数万两获罪，被处以极刑。尤其是，他的姑母高佳氏是乾隆皇帝宠爱的慧贤皇贵妃；因此，乾隆帝一继位，即下旨高家脱离原内务府包衣旗，抬为满洲正黄旗。当然，高朴本人也有些才干，为官之道也玩得娴熟。乾隆帝一度非常器重他，在上谕中说："高朴年力正少，朕特因其人尚明白，遇事知奋勉，是以加恩擢用，更非他要可比。"所以，虽然其父获罪，但他仍受到乾隆皇帝的恩宠，不断升迁。乾隆三十七年（1772年）四月，高朴由给事中升为都察院左副都御史，第二年兼署工部左侍郎、兵部左侍郎、礼部右侍郎。其间多次被委派查案，都做得不错。

原本京官做得好好的，长期生活在政治经济中心，家庭背景又好，也发展了一堆相互帮衬的朋友，正想大展宏图呢，遽然发往杳远的新疆，感觉与发配差不多。高朴怏怏到任不久，却开始感谢浩荡皇恩了！这里地方官的生活果然与京城不同，廉俸油水不少；同时，天高皇帝远，很可以享受自政为王的自由。更主要的是，他很快就找到了一条发财之路。于是，他一改昔日在京城谨慎行事、小心为官的作风，开始大胆"改革"，狠抓以"玉"为中心的重点工作。恰好，身为地方长官阿奇木伯克的鄂对，也很配合工作，此人以前没少吃到过搞"玉"的甜头，也很有经验。为讨好高朴，先是以玉石 2800 斤探路，

《天工开物》插图"绿玉河"

伯克系突厥语，意为"首领"，为当地管理某地区或某项事务的长官。

获得成功。而后，二人相互勾结，开始策划下一步举措。

以往官采，主要以河玉为主，地点为叶尔羌与和田的河中。一年两贡。所采玉石除挑上乘者进呈皇帝外，碎小的编列号数令官兵、商民认买，以 50 斤为度，发给照票，允许运到内地售卖。

至于山玉，乾隆帝曾一度封山禁采。高朴的重点就放在再度开发山玉上。乾隆四十三年（1778 年）五月，他奏请乾隆皇帝允准以当年为始，隔一年官方采掘一次密尔岱山之玉，以备进贡。之后，高朴又提议：此后采获的玉石，除选取色润而整重的送京外，其余"六成令商民领票认买，四成赏给采玉回众"。高朴还擅自决定：以后卖给商民的河玉仍以 50 斤为度，山玉则改为以 150 斤为度。理由是：照以前 50 斤为度的标准，恐怕有人将大块玉石凿成碎块，岂不可惜。与其凿碎，还不如将大一点的卖给商民得一好价钱。同时，下令密尔岱山卡伦的兵丁：凡运玉出关，只要是高朴、伊什罕伯克阿布都舒库尔等人委派的商民人等，无论有无官照，一律放行，不得阻拦，反之则要缉拿呈报。为了扩大开采规模，高朴又以进贡为由，让阿布都舒库尔调集回族民夫上山采运玉石。仅在农忙时节的五月，就强迫民夫 3000 余人，浩浩荡荡上山采玉，不但耽误了农时，而且不付工钱，搞得民夫们怨声载道。

可以说，这是一次地方官员集体大行动，参与者人人有份，各级地方官吏都得到了玉石并各自售卖。而且，在库车等处查获的民众盗运的玉石，由高朴做主，以每斤 1 钱的贱价，变卖给地方大小官员，允许他们再转运到肃州（属甘肃省）等处转卖获利。短短一年多的时间，在高朴的影响纵容下，叶尔羌地方大小官员几乎都染指倒卖玉石利益。

当然，主谋者高朴与伊什罕伯克阿布都舒库尔等人，获利最大。他们勾结商人，直接贩玉。因为内地有关系，高朴比别人玩得都高明，他通过家人李福、常永及江南商人张銮、赵钧瑞等，打着官家旗号，连樯进入内地，将玉卖到苏州，那里是明清以来全国最大的玉品加工点。除了卖原玉，还在苏州指定加工玉品，转卖京师。仅高朴家人李福等在苏州一次就得银达 128859 两之多。

在叶尔羌任职期间，高朴经常依仗权势向下属地方官员索要金银财物，卖官鬻爵。乾隆年间清军收复各回部后，在回部各处分设"伯克"等官，管理本地事务。高级伯克的任命，由本城大臣报送喀什噶尔推荐，参赞大臣复核后，再奏报皇帝任用；低级的，咨报参赞大臣补放。乾隆四十二年（1777年），高朴刚到任不久，嘎匝纳齐伯克出缺，伊斯迈勒霍卓送高朴银 700 两后，遂被保举。是年十二月，色尔库勒阿奇木伯克阿布拉散病故，沙布达经高朴通事果普尔提示"给高朴或玉器或银两为好"。于是，500 两银加一名维族美少女，沙布达得到了预想中的色尔库勒阿奇木伯克之缺。此外，高朴甚至还擅自批准衙署内裁匠、金匠可戴顶翎。乾隆四十三年二月，他到和田等地巡视，派家人常永向当地的阿奇木伯克麦弟雅尔索要玉石，麦弟雅尔因没有玉石可送，便送其金 40 两、金丝毯 2 块；其余收受各地方伯克金银珠宝羊皮等物，不胜枚举。

据不完全统计，案发后，陕、甘等省查解高氏所贩玉石 14062 余斤，叶尔羌等处查解 33451 余斤、未解 125837 余斤，江苏巡抚杨魁解送内务府张銮、李福名下缴出汇票玉价银 98976 余两，萨载咨解内务府高朴案内金银 139297 余两。

高大人落马

乾隆四十三年（1778年）八月，新任驻新疆乌什参赞大臣永贵按惯例到叶尔羌巡视检查工作，收到了刚上任不久的叶尔羌阿奇木伯克色提巴尔第暗中呈递的一份举告信，附带高朴为自己一名亲信当差送给色提巴尔第的贿赂——价值时银 2500 两的银元宝 50 个。永贵毫不犹豫，向乾隆皇帝奏参了高朴，罪名包括：唯利是图、向回民购买物品不付钱款、多派夫工私采玉石、勾串商人倒卖玉石等。同时，永贵还采取了拟"暂令高朴停职离任"，派干员看守，暂封存家产，将其家人、亲信隔离审查等行动。

乾隆皇帝看过永贵所参高朴在叶尔羌的种种劣行的奏折后，下谕痛斥高朴妄为朝廷大员，世受"浩荡"皇恩，不但不知感戴，反而见利忘义，肆意扰累回民，打着进贡的旗号倒卖玉石，贪赃枉法。联想到高斌为官清廉，其后代连续出现不肖子孙，不但其子高恒横遭杀身之祸，而且其孙高朴也紧步后尘，"重蹈重罪"，禁不住哀叹

为什么高斌子孙都这么"不成器耶"？其罪行实"难稍事姑容"。并称，看在高朴与慧贤皇贵妃的关系上，原想"施恩于高朴"，将其外放叶尔羌，希冀他做出些成绩，为日后升迁打下基础。不料，高朴却借机倒卖玉石，受贿卖官。更有甚者，

大學士于　字寄

直隸山西河南陝西甘肅各督撫　乾隆四十三年九月十七日奉

上諭昨據永貴奏阿奇木伯克色提巴爾第控告高樸在葉爾羌私採玉石運送回京各款已降旨將高樸革職究審矣據控稱高樸曾遣家人進京送回銀兩諸物等語其家人既已在途恐聞知高樸之事將銀兩諸物件沿途寄匿或併竊取潛逃俱未可定著傳諭沿途各督撫飛飭各屬留心盤詰如有高樸家人過境即行鎖拏並將伊隨帶物件嚴密搜查委妥員一併解送至京審訊除就近諭知周元理外將此由五百里諭令巴延三等知之仍將作何辦理緣由有無盤獲之處即行覆奏欽此遵

关于高朴案的上谕

在孝贤皇后没过27个月丧期的乾隆四十三年正月上元节之际，高朴不仅违制观赏百戏，而且听秧歌寻欢作乐。乾隆皇帝指责高朴"殊为无情之人"。同时乾隆皇帝认为，高朴刚到叶尔羌，人生地不熟，即使再贪婪，如果没有牵线出主意的人，就不会在一年多时间做出那么多贪恶的事。因此，他十分痛恨作为伊什罕伯克的阿布都舒库尔，不但不尽职尽责地协助高朴办理叶尔羌事务，劝谏高朴不做违法事，却以利诱之，怂恿高朴倒卖玉石，从中渔利。

乾隆皇帝在九月十六、十七、二十、二十八等日连续发出数道上谕，严令参赞大臣永贵"将高朴从重治罪，就地正法"。永贵遵旨将高朴以及同案犯阿布都舒库尔绑缚叶尔羌城外，当着回民民众的面行刑正法。十月十九日，乾隆皇帝在上谕中还恨恨不已："现将伊在彼处正法，实不能与其罪相抵。……俟高朴正法后，即弃于荒野喂野犬，断不许入殓运回内地。倘有私自偷运带回者，务必严加治罪。"

高朴一案牵涉的人主要有四类：一是引诱高朴中饱私囊的人，如鄂对、阿布都舒库尔之流；二是为高朴索贿受贿暗中帮忙的人，如通事果普尔等；三是为达到升迁目的而行贿之人；四是帮助高朴

盗卖玉石之人，以及自叶尔羌至江苏苏州沿途各省大员明知高朴私运倒卖却大开绿灯放行之人。

对这些人员如何处分，既关系到清廷对吏治的整治，也关系到清政府在新疆推行的民族政策，是个非常敏感而复杂的问题。乾隆皇帝决定速办速决，首恶必办，胁从不问，不搞扩大化。尤其对回部官员从轻，以笼络为主，对受害民众则以抚慰赔偿为主。

首先是鄂对。鄂对曾因在军营中效力有功，获赏贝勒爵位，之后又被授予叶尔羌城阿奇木伯克，管理叶尔羌地方事务。高朴到叶尔羌后，鄂对投其所好，是引诱高朴盗采玉石、贪赃枉法的主要合伙人。鄂对虽已于乾隆四十三年三月病故，但依清律仍然要革去贝勒爵位，家产查抄入官。但鄂对身份是"外藩"回人，"不可与京城之人相比"。所以，只将其在叶尔羌家产充公，房屋赏给色提巴尔第居住。高朴被查抄物品中多数珍宝都是鄂对所送，鄂对病危时曾自荐其子鄂思满继承其阿奇木伯克之职。但鄂对在世时并不与鄂思满同居一处，鄂思满与高朴案无关，所以，只将其所袭贝勒爵位革去，授为散秩大臣；摘去二眼花翎，改戴一眼花翎；不动其家产，仍留喀什噶尔阿奇木伯克之任。

其次，对为虎作伥者。其中帮高朴贩玉的家人沈泰、李福、常永，商人张銮、赵钧瑞，主事达三泰，通事果普儿被处死刑。为高朴从密尔岱山私送玉石的孙福发往伊犁给厄鲁特为奴，侍卫纳苏图为高朴携带银两，予以革职，斩监候秋后处决。

第三，对于行贿者。乾隆帝认为这些人既为升迁，又迫于高朴的威势，无奈才向高朴贿送金银财物。如叶尔羌商伯克伊斯麦勒霍卓、沙布达等都曾为升补伯克之事贿赂高朴。虽然据色提巴尔第称：这两人一个愚无能，行为卑劣，且又生疮不能办事；另一个朴实勇敢，补放为阿奇木伯克后，部众顺从。乾隆皇帝为防涉案人员人人自危，决定将他们都暂留阿奇木伯克任。

第四，为高朴盗卖玉石开绿灯之人。新疆叶尔羌至江苏苏州途程数千里之遥，关卡林立。乾隆皇帝认为，高朴家人等利用车船长

途运输一路畅通无阻，显然是"地方大臣官员日久懈弛，不以事为事"，是严重渎职行为。高朴家人李福携银数十万两到苏州，住在张銮家制造玉器售卖，长达数月，装有木箱40余只的船，明目张胆地插有标明高朴的兵部左侍郎身份旗帜，一路招摇过关北上。而身为江苏巡抚的杨魁，近在苏州"非聋非瞽"，竟"毫无见闻"；过江宁时，两江总督高晋知情不举，还发给护牌予以保护。过浒墅关时，李福持高晋所给护牌及高朴名帖赴苏州织造衙门，织造监督舒文不但置若罔闻，隐饰不奏，反而代为上税，循情故纵。故杨魁、舒文、高晋等被处以革职之罪，罚交养廉银共达24万两之多，但旋即杨魁、舒文、高晋又被免于革职，从宽留任。

高朴案发后，乾隆皇帝采取了一系列措施，包括永禁办事大臣等让伯克代为购买物件，以避免伯克等借机勒索属下回众；对在高朴一案中，因被强迫上山采玉耽误农时的3000余回民，则免去来年一年应纳贡赋，再动用该处钱粮照数赔偿被高朴等勒索的钱财，以平息怨气，消除隔阂。

高朴案的背后

高朴一案，种种非正常迹象表明，乾隆皇帝一开始就有操纵的嫌疑。试想，永贵是乌什办事大臣，高朴是叶尔羌办事大臣，两人品级相同，工作分工上各管一段，没有上面的授意，永贵是不可能越界的。而且，此前永贵的前任绰克托早知其事，但并没动作。而且与高朴同城办公的另一个朝廷办事大臣淑宝也没告发。为什么偏偏是永贵呢？

这个永贵，是个能干的人，笔帖式出身，后来做到吏部尚书。乾隆二十四年"平准"、乾隆三十年"乌什之乱"，他都亲身参与，又曾长期在新疆做各处办事大臣，对回疆情况很清楚。乾隆四十二年，他因为奏请以漱芳升授员外郎，乾隆帝认为他有市恩之嫌，削职夺花翎，令以三品顶戴赴乌什办事，并威胁道："永贵回乌什，如不实心任事，必在彼处正法。"永贵的压力可想而知，立功翻身的心

淑宝明哲保身，竟然没有被牵进案中。

情也很急切。

永贵本人对外戚出身的高朴一向无好感，因为高朴也是靠告发别人而飞黄腾达的。乾隆三十九年，因揭发太监高云从泄漏军机处任官机密一案，高朴得到了乾隆帝的再次重用。高太监一案，当时在宫中引起很大的震动。军机处大臣及九卿官员都受到了不同程度的处分。当时有人指出高朴"为小人多事"，乾隆帝对高朴告密一事也有些警惕。不管怎么说，此案使高朴大面积地得罪了官员，他在京官中的人缘差到了极点，很多人暗中都在盼他倒霉。乾隆帝调高朴到新疆，也可能有叫他避避风头的用意，只怪他自己不谨，出了事，朝廷中谁会替他说话，不落井下石就不错了。

永贵赴新疆办高朴，很可能是有人在朝廷揭发了高朴，乾隆帝直接授意永贵查办的。《清史稿·永贵传》记载：永贵诛杀高朴后，乾隆帝下诏表扬永贵持正，并说："永贵罪不至贬。今命西行，适以发高朴之奸，潜销祸萌，此天启朕衷也！"

乾隆帝在上谕中说："朕并不以此赏鉴高朴，重加任用，若众人因高朴具奏此事，私心衔恨，计图巧为倾陷，则是自取其死，岂能逃朕洞鉴。若高朴以此沾沾自喜，遂因而高兴多事，即属器小易盈；或高朴因此事显以其公正，不复自知谨凛，肆意妄为，转致营私舞弊，则高云从即其榜样，朕亦不能稍为曲贷也。"

永贵关于高朴案的密奏

看来，永贵一定是带着尚方宝剑了。高朴被捕后，并没有送京质审，甚至没有"严刑夹讯"，取实口供，永贵很快就将他就与阿奇木伯克阿布都舒库尔一起，匆匆就地正法了。对此非常规的做法，乾隆帝一点没有责怪，还在永贵的密奏上朱批到："实便宜他了！"

以前历任，无论中央派的办事大臣，还是各级地方伯克，以官玉开采牟利的情况，一直都存在。而乾隆帝此时拿这来说事，显然另有玄机。

那么，高朴案触动了乾隆皇帝的哪根神经呢？

首先是新疆地区的稳定。新疆是中国少数民族较多的聚居区，清政府从康熙朝中期就开始致力于祖国西北边疆的经营，一直战事不断，直到乾隆二十四年（1759 年）才最终平定了噶尔丹叛乱，收复回部，重新统一新疆。清政府在这里推行由满族贵族和本地封建地主相结合的统治措施，在保留了新疆原有的封建统治制度之外，派去的军政官吏驻扎各城。由于清政府派驻的军政大臣享受的是朝廷的俸禄，生活待遇优厚，各城伯克的薪俸却是取之于民，于是他们拼命欺压剥削本就贫苦的百姓，以满足自己的贪婪欲望，以致乾隆三十年（1765 年）酿成著名的"乌什事件"。此次事件影响很大，清政府费尽心力方才平息。乾隆帝担心高朴在叶尔羌的所作所为会在回民中引爆又一次"乌什事件"。另外，乾隆帝怀疑高朴被地方回民官员收买了。鄂对病故后，高朴就奏请以鄂对之子鄂思满接任阿奇木伯克之职。乾隆帝认为，这样父子相承，难免会出现唐代藩镇割据的恶果。

除了政治原因外，高朴获罪的另一个重要原因，就是他动了乾隆帝的奶酪——玉。和田玉一直是皇家内务府的供玉，高朴大肆倒卖，且数量巨大，乾隆帝自然不答应。乾隆四十三年（1778 年）九月，阿桂等查抄高朴在京家宅。乾隆帝仔细看了抄家清单，发现高朴家中存有好多宫中都没有的上等玉器。他在上谕中愤愤不平地说："高朴每次所进玉器，不过九件，又甚平常，今乃以佳者留藏家内，即此一端，亦可见其天良丧尽。"

事后，乾隆帝在上谕中曾反复强调："此案倘若色提巴尔第不告发，永贵不具奏，久而久之，再有一年半载，回众被害，皆失生计，必将招致如同乌什之事件。高朴、阿布都舒库尔霍卓肆意苦累我朝用兵戡定地域之百姓，诚为可恶。"

可以说，高朴一案最大获益者是乾隆帝——既惩治了官员，又获得了利益最大化。首先他借机命谕令乌什参赞大臣永贵"永禁开采密尔岱山玉石"，完善查验章程，堵住官玉外流的主渠道。同时又规定，凡河中采获拣选剩余的小块籽玉，不再抛回河中，都送到北京。而各处查获玉石，无论大小也全部解京，不得以块小为借口变价处理，违者从重治罪。此外，凡以官价购买玉石转手牟利的官兵，所得钱款一律入官。乾隆四十四年（1779年）又令这些官兵按原价十倍完缴，以警后人。

从高朴案发到高朴被处以极刑，前后不过半月有余，速度快得惊人，显然乾隆皇帝有所顾忌。高朴等被从快诛杀，在新疆确实起到了杀一儆百的作用，盗采倒卖玉石之风在一定程度上得到了遏制；另一方面，更大量的玉石与钱财名正言顺地流进了乾隆皇帝的腰包。

蔡伯多禄"潜伏"案始末

　　整个案件中，蔡伯多禄一直是焦点。这个贯穿案子始终的人物，最终也没有就获归案，成为乾隆帝心中永远的隐疼。事情发展到这地步，蔡伯多禄已不再是某一个具体的人了，而成为向皇权挑战的中国内地的广大教民们的形象代言人。

　　清初，以耶稣会士为代表的西洋天主教在华曾有过一段辉煌。然而自康熙末年，尤以雍正二年（1724年）雍正皇帝下谕明令禁止西洋传教士在内地居住传教后，降至第一次鸦片战争失败，道光皇帝被迫下令"弛禁"，其间历经雍、乾、嘉、道四朝，愈一百余年，史称"百年禁教"。这一期间，天主教禁而不止，清政府为此不断发动"禁教"严打运动，"教案"、"教难"成为主旋律。其中，尤以乾隆四十九至五十年（1784—1785年）的"蔡伯多禄案"最为典型。该案由湖北襄阳白家湾河上一起寻常胥吏敲诈案引发，因之乾隆皇帝的亲自过问与操作，不断地纵横罗织，继而酿成地跨十数省，案涉西洋传教士十数名、内地教民数百人的全国性大教案，对此后西洋天主教在华的发展产生了关键作用。

利玛窦、汤若望、南怀仁像

河边鬼船

乾隆四十九年（1784 年）七月十二日，湖北郧阳捕役刘喜等人，无意中听到人们议论，说白河湾边停泊着一只小船，已好几天了，光景很有些诡谲。那天有人路过，突然船舱里伸出个头来，红毛绿眼，叽里呱啦的似鬼叫。捕役中有见多识广的，说那大概就是传说中的红毛番（西洋人）了，这可是个好买卖。刘喜等七人赶紧跑到河边，直奔那船，声称检查。船上果然有四个红毛番，他们不懂中国话。船夫一见捕役，一溜烟就跑了，另一个没跑掉的中国人，姓张，自称是通事（翻译）。刘喜等人二话不说，将这个张通事捆起来就打，逼问有没有银钱。后来果然从行李中搜出白银 145 两，刘喜等人在船上坐地分赃后，一哄而散。

刘喜等人走后不久，又有一个河营驻防的下级军官司得寿，听到了消息，也带着人跑到船上巡查。这时，那个姓张的通事也吓跑了，船人只留下四个惊恐慌万状、语言不通的老外。司长官看也不看他们，直扑行李堆，暗中将刘喜等没来等及拿走的洋表等物攫为己有，然后扬长而去。

天下没有不透风的墙。不久，有人将此事报告了河营驻防部队的级别稍高一些的指挥官——守备舒万年。舒长官还算有见识，郑重地带着手下兵丁及当地的保甲长，渡河前来检查。这时船上的四个西洋人如惊弓之鸟，彼此语言也不通。还好，舒长官在被刘喜、司得寿等两度洗劫过的老外的行李中找到了五封信，其中四封都是鬼符一样的外国字，只有一封是中文的，内容如下：

> 罗马当家现发四位铎德往陕传教，委晚在广东办人送至湘潭暂住，另酌人再办前往樊城，直走西安。但念走旱路更难，非得一二江湖练达之士难以承办，左右思维，惟台府上晚爷最为合式，敢恳为天主分上，暂令抛离家务，信到日，即便束装就道，建立圣功，免致四铎悬望，不胜厚幸。所有受隆情，容晚再来贵地日面谢，恭候府宠福金安，尚此上李大爷、二爷二位文几，铎末蔡伯多禄字拜。

铎德，即"撒贵尔铎德"，系拉丁文 Sacerdote 的音译，意为司铎、教士。

从信的内容上看，原来这是由一个叫蔡伯多禄的中国人策划实施的一起四个西洋传教士从澳门秘密潜伏进入内地的行动。

这封署名蔡伯多禄的信，通过湖北官员的奏折，一个多月后，辗转到了乾隆帝的手里。

全国撒网

乾隆帝看过信后，很生气，或者说，叫"震怒"。因为，早在六十年前，乾隆帝的父亲雍正皇帝就已下谕明令禁止西洋传教士在内地居住传教。这可得严查。

在乾隆帝一封六百里加急的谕旨催令下，根据蔡伯多禄书信上的线索，案件侦破工作从湖广、广东两线同时铺开。很快，湖广方面便将窝留伴送西洋人的教民刘绘川、刘盛传、刘十七等缉获；又在武陵县拿获李馨元即李大，李文远即李二，李志武即李晚等人。与此同时，在广东，官方也密捕了教民艾求三等，又将住在广州十三行的罗马当家（教职联络官）多罗查获传唤质讯。这才勘出本案大致脉络：原来，一年前，西安教民焦振纲等人跑到广州，托教民蔡伯多禄向罗马当家多罗请求派西洋传教士秘密前往西安传教。而后，多罗与蔡伯多禄等人，精心策划了本次四名西洋传教士的潜入内地行动。其路线为：由粤坐船经广西梧州、平乐、桂林（据云，

广东到湖北，尚有乐昌一路，但广东乐昌县至湖南宜章县舟楫不通，故改走广西一路），再自湖南东安县入境，历零陵、祁阳、常宁、清泉、衡阳、衡山抵湘潭，又由湘潭历长沙、湘阴、巴陵等县入湖北嘉鱼县境，历汉阳、沔阳、天门、潜

乾隆帝古装像

伯多禄系拉丁语Petrus 的音译。本系耶稣为其十二位宗徒之一西满所起的名字。后用来作为信教者的圣名。

蔡伯多禄，原名蔡如祥、若详，又称蔡鸣皋。

江、京山、荆门、钟祥、樊城，在襄阳船上被获（原计划从襄阳走旱路直抵西安）……

九月二十日，湖广总督特成额奉旨派人将四名洋人及刘绘川等十名中国教民押解赴京；同时，在广州，罗马当家也被交给洋商潘文岩收管，潘文岩因曾为多罗做保，自认罚12万两白银充公。十月初二日，乾隆帝下谕：将两广总督及广东巡抚等官员，"俱著交部严加议处，所有沿途失察之司道府等官并著查明一并参奏"。

然而，乾隆帝意犹未尽，他在九月二十八日一封上谕中说："据供：蔡伯多禄前过乐昌，曾告知西安秦伯多禄并焦姓，因彼处新修天主教堂，要请西洋人前往住持传教……至各省传习天主教，久经禁止，亦无建立天主堂之事，何以西安城内竟有私行修建者，而毕沅不知耶？著传谕毕沅，即查明该处天主堂系建自何时，何人首先创建。……"十月初七日，赴广州延请西洋人到西安传教的教民焦振纲等在湖南被获，查出随身携带西洋字书信十封。虽然焦氏坚不吐供，细心的乾隆帝却从物证——书信上找到突破口，下谕道："西洋字内地无人认识，焦振纲、秦禄由西安赴湖南、广东，何以带有西洋字书信十封，是西安必先已有西洋人在彼潜住，且必不止一人，故起出书信内有西洋字十封之多。况西洋人即欲传教，亦当在广东附近之广西、福建、湖南、江西等省，何必远赴西安，此皆关系案内紧要情节，必须彻底跟究。"

一个月后，陕西巡抚毕沅果然在渭南县拿获了两名货真价实的西洋传教士。据审讯，说本年前后曾有十个西洋人秘密潜入直隶、山西等省传教。这一信息，当广州方面再次质讯多罗时，得到了确认。一直心存犹豫的乾隆帝至此坚定了决心，十一月十一日下谕："至山西、山东、湖广、直隶各省据供俱有西洋及内地人辗转传教，最为人心风俗之害。"饬令直隶、山西、山东、湖北、湖南、陕西各省督抚，"一体严密查拿"。至此，一场针对潜入内地西洋传教士的全国性大缉捕拉开帷幕，伴之而来的还有对各省内地教民的大清洗。这场全国性大搜捕及大清洗持续了数月，各省所报缉捕案件数十起，

直到乾隆五十年（1785年）二、三月间才渐停歇。其成果惊人，不但多罗本人及其所遣派潜入内地的西洋传教士全部落网，而且还挖出了数名多年潜伏于各省的西洋传教士，其中甚至有已潜伏二十多年者。当然，这场全国性的大运动，更重要的是对各省教民进行了清洗，并大张旗鼓地掀起了全国性的查教、出教运动。

对于西洋教士的处理，乾隆帝表现出政治上的成熟与灵活。此前乾隆十一年（1746年）、十九年（1754年）福建、江苏等历次教案，乾隆帝都曾下令处死过西洋传教士。而本案较以前各案严重程度更有过之，但乾隆帝竟没有再下令处死西洋传教士，只是下令监禁于京。几个月后，乾隆帝又改了主意："西洋人吧地哩央等私入内地传教一案，经刑部审拟定为永远监禁，第思此等犯人不过意在传教，尚无别项不法情事，今念该犯等究系外夷，未谙国法，若令其永远图圄，情殊可悯。所有吧地哩央等十二犯，俱着加恩释放。如有愿留京城者，即准其赴堂安分住居；如情愿回洋者，着该部派司员押送回粤，以示矜恤远人，法外施恩至意。"

而对于不同等级教民的处理，乾隆帝也很理智。十一月二十日，降谕各省督抚："现在各省神甫名目尤当严禁，内地民人有称神甫者，即与受其官职无异，本应重治其罪，姑念愚民被惑，且利其财物资助，审明后应拟发往伊犁给厄鲁特为奴。该犯等受其番银者，其原籍家产并应查抄入官。所有接引传教之人，亦应发往伊犁给厄鲁特为奴，以示惩儆"，至于一般的民人，"因祖父传习供奉，业经自知悛改，与现在西洋人无涉者，即当将呈出经卷等项销毁，毋庸深究。仍不动声色，为之以渐，以期尽绝根株"。

官吏百态

这件案中有很多蹊跷。

与乾隆皇帝积极态度形成鲜明对照的是，各省官员似乎始终处于被动。

地方官员对天主教的态度，一向很微妙。通常情况下，他们对天主教徒并无更多的恶意，只要"查无为匪情事"，多采取睁只眼、闭只眼态度。另外，也不能排除一些官员暗中受贿或私下交易的可能。这些积习，

捕役押解人犯

乾隆帝一向洞悉于心，他从一开始就要求将案犯送京集中审理，也有对地方不放心的成分。

当然，也有见风使舵快的，这毕竟也是个邀功的绝好机遇。湖广总督特成额就是这样的人。他的动作非常快，拿获四个西洋人后，一面上报中央，一面通报陕西、广东、湖南等地官方，"密访有无蔡伯多禄及能通洋语之人"。并及时咨调广东方面两名翻译赶到湖北，打算在湖北集中审讯此案。结果欲速不达，广东来的两个翻译并不懂得意大利语，无法完成审讯翻译的任务。当然这样的努力并非全无效果，乾隆帝曾一度犹豫，下谕暂停将案犯解京，打算就在湖北审案。

所谓几家欢乐几家愁。特成额走狗屎运，广东巡抚孙士毅却背得要命。由于"蔡伯多禄"案中所有潜入内地的西洋人都是从广州出发的，作为地方大员，孙士毅自然难辞其咎。九月初，乾隆上谕到了广州，同时到的还有特成额的抄折。巡抚孙士毅"跪读之下，不胜惶悚"。此后，乾隆帝多次下谕提到蔡伯多禄、谢伯多禄二犯"讯系居住广东，前已有旨令孙士毅按名速拿"。后来，陕西方面又传来消息，从广东潜入内陆的西洋传教士还有另外六个人。乾隆帝震怒，下谕："此等西洋人皆由广东私赴各省，可见该省地方官平日毫无稽察。"原来孙士毅在年底封篆以前，乾隆帝已安排他到京参与千叟宴。因为这件案子，惹得乾隆帝不高兴，便取消了他参加千叟宴的资格。此时孙士毅已在入京的路上。乾隆帝下谕："今粤省现有

实际上早在特成额的奏折到达乾隆帝手里的几天前，孙士毅就已收到了湖北发来的案情咨报。

封篆指官署岁末年初停止办公。因官印多为篆文，停止办公即不用印，故称。

此案正关紧要……传谕孙士毅不拘行至何处，接奉此旨，即驰驿兼程回粤。此事该抚办理错误，不准其来京入宴，正所以示罚，仍著传饬"，"现查办西洋人弹压搜缉专交孙士毅一人妥办，以盖前愆，若稍有疏虞未当，朕必加倍将伊治罪"。

当然，乾隆帝自己也有错怪官员的时候。他从陕西方面得悉，潜入内地的十个西洋传教中，有两名据传已潜入直隶，一个叫汉色勒木，一个叫阿头大多，于是下令直隶总督刘峨迅拿归案，并不断下谕申饬，冷嘲热讽，给刘峨施加压力。后经核实，乾隆帝得知这二人原来是通过正式途径入宫当差的颜诗莫、德天赐等，这才停止了对刘峨的申斥。

那些没有成果的地方官员，只好承受乾隆帝的斥责。福建巡抚雅德奉旨缉拿闽籍逃犯蔡伯多禄两个多月未获，乾隆帝在其奏折上朱批："勉为之。外省海捕之习甚可恶，甚不可信。属下为或可，尔等督抚高官厚禄何为者。恬不知耻，实可怪。"

乾隆皇帝的心情有时不可捉摸。据供，湖北被获的四名西洋传教士从广州出发，曾路经广西，进入湖广。但在整个案件审理中，来自广西的消息却绝少，乾隆帝好像也将广西遗忘了。护理广西巡抚奇丰额在奏折中提到案中逃犯也可能会转道粤西潜逃回广东，乾隆帝却冷漠地朱批："未必至广西也。"

值得注意的是，本案的审理，乾隆帝就旗帜鲜明地将胥吏排除在外。

清代地方官员办案，通常照例要由当地的胥吏执行，但本案从一开始，乾隆帝就严格规定，地方胥吏不得介入，"现饬各州县严密访查，不动声色，妥为办理，不得张皇急迫，以致吏胥藉端滋事"。

乾隆帝将胥吏排除在外，揆其原因，一方面是从秘密查案出发，不欲闹出大动静，另一方面也是出于对胥吏的不信任。从西洋传教士的书信中我们可以知道，他们潜入中国内陆时，往往会遇到地方胥吏的盘查，通常以钱买通，便可过关。而地方吏胥也养成了勒索的习惯。即如本案，实际上也正是从吏胥刘喜等人勒索开始的。这几个人，后来见事情闹大了，一度潜逃外地，后在河南被抓获归案。

而另一个实施二次敲诈的河营低级军官司得寿，因上司查问风声日紧，竟制造溺水自杀假象，后来终于迫于压力，自行投首。乾隆帝深恶痛绝，说："此人可恶，不可因自受宽其罪。"令押京候审。

蔡伯多禄与乾隆帝

整个案件中，蔡伯多禄一直是焦点，对他的缉捕也成为贯穿整个案件的经纬。作为整个潜入计划的主谋及执行人之一，在乾隆帝看来，蔡伯多禄的影响甚至远比罗马当家还要严重。当初两广总督舒常、广东巡抚孙士毅联名给乾隆帝上奏折，密报审讯罗马当家多罗的进展，但乾隆帝似乎并不在意，在朱批中只问："蔡伯多禄何以尚未就获，其余皆支节耳。"可见蔡氏在乾隆帝心中的位置。

这个贯穿案子始终的人物，最终也没有就获归案，成为乾隆帝心中永远的隐疼。乾隆帝想尽了各种办法，在广州、澳门、福建（蔡氏家乡）撒开大网，派密探、购线人，都没得逞。广东巡抚孙士毅再次将缉拿蔡伯多禄的谕令通省"遍贴十三行、澳门等处，俾各国洋人咸知感悚"。同时，"就近传集在广贸易之各该国夷等带同盉省贸易之洋人赴臣衙门，详加开导"。但依然一无所获。为获蔡伯多禄，除在广东、广西两省水陆要隘没法购线悬立重赏外，广州还"密饬俸满钦州知州夏文广、新会营参将韦永福前赴香山县地方驻扎，选派干员易服进澳，凡洋人容留内地民人之各寺庙，无不一一遍查，并无该犯踪迹"。后两广总督又对夏、韦许愿，如获蔡伯多禄，将奏报皇帝升用。两人即新自入澳门搜查，仍无所获。之后，广州按察使陈用敷再次亲临澳门，"一面搜查，一面晓谕，该洋人皆顶经设誓，断不敢包庇内地民人，自蹈罪遣"，并甘愿结状。

乾隆帝见广州未果，随后便又下谕令湖广、福建："蔡伯多禄系福建人侨寓湖广地方，起意接引西洋人，实为此案要犯，必须严缉就获。现据广东省遍查无踪，该犯自必尚匿湖广或潜回原籍福建，均未可定。此事竟责成特成额、富勒浑、陆耀、吴垣，即严督属员

选派干役，实力侦缉，购线踩拿，务期迅速弋获。如再不上紧查拿，使要犯日久漏网，惟该督抚等是问。"并要求各省"上紧侦捕。勿论深山密箐，处处搜查；水陆津卡，严行盘诘，不使稍遗余力，并将蔡伯多禄面貌讯问的实，绘具图形，注明籍贯、犯罪事由，转发文武各官，交令保甲兵役人等密行访探"。

一年后，两广总督富勒浑上奏称"该犯蔡伯多禄等，或因各省搜查紧急仍来粤省，希图附搭洋出口远飏"，乾隆帝朱批道："想早已远飏矣。"但不甘心的乾隆帝随后又下旨："著传谕富勒浑，务须不动声色密饬所属在于各海口留心查察，严密访拿，或得弋获亦未可定。"

事情发展到这地步，蔡伯多禄已不再是某一个具体的人了，而成为向皇权挑战的中国内地的广大教民们的形象代言人。从档案中我们发现，这些以蔡伯多禄为代表的教民，具备很高的素质，他们很多都通西洋文字（有的甚至在国外培训过 16 年），常常以商人、医生为业，经济富裕，他们经常行走于全国各地，不乏江湖历练。这批高素质的教民，与此后那些本土化文盲乡愚的教民们相比，代表了明末清初那一代西洋天主教在华培养的结晶。

大清的活宝外交大臣

——记晚清第一任驻德大臣刘锡鸿

论出身，郭嵩焘是翰林，刘锡鸿是举人；论官爵，郭是刘的上级。但刘锡鸿敢于找自己上级的茬，莫非是吃了豹子胆？事实上，这背后大有内幕。原来刘锡鸿背后有人撑腰，他不过是守旧派用来钳制洋务派的一枚棋子。

说起清末大清国的外交公使，实在有点活宝的味道。尤其早期，虽然他们在国外常常受辱，比如走在街人被人揪揪辫子，扔个臭鸡蛋什么的，但让人大跌眼镜的是，在那样的窘境下，他们竟然丝毫没有改变中国式的官僚作风，而在异国他乡轮番上演一出出内讧的闹剧，引得外人哂笑。其中的典型人物就是刘锡鸿。

一个喜欢骂街的公使

刘锡鸿虽然出身贫寒，其父以贩鱼为生，但从小接受了正统的儒家文化教育，自负有"修身齐家治国平天下"之理想，极富野心。

道光二十八年（1848年），刘锡鸿考取举人。此后，参与镇压太平天国起义，随同广西右江道张敬修前往广州抵抗英军，又跟着河南团练大臣毛昶熙镇压捻军，不断积功升官，被加道

刘锡鸿像

员之衔。同治二年（1863年），因母亲去世，刘锡鸿回广东守制。这期间，与广东巡抚郭嵩焘结识，这竟影响了刘锡鸿的后半生。郭嵩焘是湖南湘阴人，道光二十七年（1847年）的进士，那一科出了许多近代洋务名人，包括李鸿章、沈桂芬等。当时，郭嵩焘在洋务外交方面也很有名气。

郭嵩焘开始对刘锡鸿印象不错，有意栽培他，就叫他负责广东省团练总局事务，并多次派他作为自己的私人代表前往处理捕盗治匪事务。这时，刘对郭也很尊重。同治五年（1866年）郭嵩焘奉旨调京，正在东江办理案件的刘锡鸿得信赶回广州，冒雨拜见郭嵩焘，并表示倘若郭嵩焘离开广州，自己也走。足见二人惺惺相惜之情。

此后，刘锡鸿守制期满，赴京供职，复任刑部员外郎。然而，与此同时，郭嵩焘却被解职，回籍隐居八年。但两人一直保持书信往来。同治十三年（1874年），在文祥、李鸿章的推荐下，郭嵩焘重新被召用。就在他回京后的第二天，刘锡鸿便前往其住所拜见。

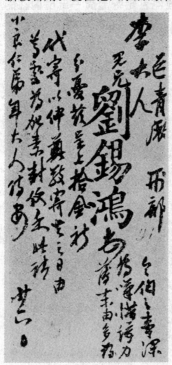

刘锡鸿名刺

但是，他们的这种铁关系并没有持续太久，而是在光绪元年（1875年）夏然而止。这年二月，郭嵩焘被任命为出使英国的钦差大臣，他想起好友，便提议任命刘为参赞同往。当时原定的赴英副使是许钤身，后来许另有任用，于是副使一职出缺。刘锡鸿认为凭能力和自己与郭嵩焘的交情，希望能提任副使。当时刘锡鸿只是从五品刑部员外郎，当上副使一职，意味着不但被提升为三品衔，且可享优厚薪俸。但郭嵩焘却没有提出任刘为副使的建议。刘锡鸿失望之余对郭嵩焘心生不满。后来由于总理衙门大臣毛昶熙的提议，刘还是得到了出任驻英副使一职。不过，此事为后来两人交恶埋下伏笔。

既然两人关系那么好，可郭嵩焘为何不愿提议刘锡鸿为副使呢？原来，虽然他们是朋友，但郭嵩焘并不十分重视刘锡鸿。刘锡鸿生性好使气，而且自视很高，到京后又结识了一帮官场朋友，更加有恃无恐，时常发飙。所以，郭嵩焘不仅不愿意推荐这样的朋友出任副使，而且在得知刘被任命为副使一职后，也强烈反对，表示"刘锡鸿出洋有三不可：于洋务太无考究，一也；洋务水磨工夫，宜先化除意气，刘锡鸿矜张已甚，二也；其生平好刚而不达事理，三也"。刘听说后，在接到被任命为副使的当天晚上，就跑到郭的住处去吵架，"词颇愤激"。朋友之间撕破了脸。

论出身，郭是翰林，刘是举人；论官爵，郭是刘的上级。但刘锡鸿敢于找自己上级的茬，莫非是吃了豹子胆？

事实上，这背后大有内幕。在郭、刘出使的前一年，即同治十三年（1874年），清朝政府朝野发生过一场大辩论。由于日本侵占台湾，中国又一次感受到国势危殆，亟待自强。当时主持洋务的奕䜣、文祥等人，以总理衙门大臣名义上了一道"切筹海防"的奏疏，提出"炼兵、简器、造船、筹饷、用人、持久"六条办法，密寄给全国各地加以讨论。郭、刘也积极参加了这场大讨论，但态度截然不同。郭持同意意见，而刘则旗帜鲜明地反对把"夷狄之道""施诸中国"。这场讨论，最后由于外有李鸿章等重臣支持，内有奕䜣、世铎等亲王做主，"六条"勉强得到廷议认可。但反对派也大有人在，总理衙门内部多数大臣就不同意。两派的意气之争，也折射到官场上。在派遣出使英国大臣问题上，原已定为副使的许铃身改派出使日本（后并未成行），而由刘锡鸿任副使。这种安排显然是这一党争的结果。主其谋者，即是军机兼总署大臣"高阳相国"李鸿藻和沈桂芬等。原来刘锡鸿背后有人撑腰呢。他不过是守旧派用来钳制洋务派的一枚棋子。

郭、刘出使英国，原是为马嘉理一案去向英国"谢罪"，实在是屈辱之行。当他们抵达伦敦时，由于大清国书上并没有注明刘锡鸿

1875年1月，英国驻华使馆官员马嘉理率人到云南"探险"，与当地居民发生冲突被杀。这就是所谓"马嘉理事件"（又称"滇案"）。英国驻华公使威妥玛借机滋事，迫使清政府于1876年9月与之签订了《烟台条约》。随后，英国政府又强迫清政府派员亲赴英伦"道歉"。

刘锡鸿《英轺私记》

的职衔姓名，英国外交部认为既然没有副使姓名，就没安排刘锡鸿参加谒见英国女王、递交国书的仪式。后来经过郭嵩焘与英驻华公使威妥玛往返函商交涉，才搞定同意刘锡鸿一同参加，但刊发给各国公使名单中，依然只列着刘的名字，不列刘的副使职务。小心眼的刘锡鸿更觉屈辱，开始频繁地无理取闹，有时竟堵着郭的办公室骂大街，见者无不掩口窃笑。朝廷见这样下去也不是办法，便于光绪三年（1877 年）三月改派刘锡鸿为出使德国大臣。

大门不出、二门不迈的公使

刘锡鸿受命为驻德大臣，奉谕赏二品衔，自是十分得意。他广置器皿、画、镜、玩物等礼品，准备到德国后广送各界士绅，又自定翻译随从，甚至还自设文报局。在尚未接到军机处正式公文，只接到两江总督沈桂芬私信的情况下，刘锡鸿便迫不及待地自行除掉了副使的名目，公文不再列衔，他还私刻了驻德大臣的官印。

西方的舆论对他也并不很看好，认为他在履历、学问等方面都不如郭嵩焘。而刘锡鸿并不以为然，反而认为自己"武略独擅，胆气尤大"，完全抱着"以华变夷"的态度。他到柏林后，在向德皇威廉一世递交国书时，"礼节疏阔，有夷然不屑之意"，其傲慢无礼几乎引发外交纠纷。而沈桂芬在致李鸿章信中，却称赞刘"天分高"，"能贬刺洋人"。

可是，困难很快就显现出来。刘锡鸿接到任命后，实际面临着

"组阁"无人之忧，手下竟没有参赞。于是他不得不函请总理衙门"选派各员迅饬前来襄理"，后来接到总理衙门函，命他就近与郭嵩焘商量。郭表面同意自己手下的参赞黎庶昌、翻译张斯枸及相关文案人员可以随时前去帮助他，但实际上却没有付诸实施。于是刘又奏请朝廷点名调拨李凤苞、薛福成二人。但薛福成因正在丁母忧不能赴德；而李凤苞也迟迟不到任。刘锡鸿只得不断奏请总理衙门饬命伦敦方面派黎庶昌赴德，而郭嵩焘每以"兼充英德两国使臣，其参赞官仅有黎庶昌一员，势难调赴德国差遣"，拒绝放人。后来还是总理衙门做主，才放李凤苞前往柏林。

　　由于人员不齐，刘锡鸿上奏时提到，"此时寓中惟有翻译官庆常、随员刘孚翊二人"，此外，刘锡鸿还雇用了几名"洋书手"、"洋管事"、"洋役"，以维持正常工作。实际上，当时柏林使馆的事务，一切都由总税务司赫德所荐英国翻译克郎打理。此外，语言上也存在着很大障碍。除克郎外，刘所带的翻译官庼音、荫昌是学英文的，德语并不好，几乎不能交流。后来选调了个来柏林留学的候选县丞张凤书做翻译，张又不知何故转到英国去了。

大清国书抄副

国书颂词抄副

这种情况下，工作如何能展开？刘锡鸿很是郁闷，心情不好，身体也开始出现情况。据记载，刘锡鸿到德国后即"水土不服，常在病中"，一会儿是血痢气胀，一会儿又是左足患肿痛。好不容易脚好了，精神上又出毛病，精神恍惚，夜不成寐。

朝廷任命刘锡鸿为驻德大臣，一个重要的任务就是应付德国方面提出的修约事宜。当时正值德国特使巴兰德在华与总理衙门就修约问题发生争执而负气回国。清廷命刘锡鸿想办法解决此事。巴兰德回国后，刘锡鸿并没积极与之相见，德国外交部发来什么公文，他就向朝廷照转，也没有积极地去力争。驻英大臣郭嵩焘曾上奏参劾刘锡鸿，说他"在柏林终日闭门编造语言，为诬惑总理衙门之计"。

刘锡鸿给朝廷及衙门的报告，数量非常少。据总理衙门统计，刘锡鸿在柏林近一年中，一共只发过 13 份电报，其中 7 份还是私人电报。看来这个在柏林大门不出、二门不迈的大清使臣，果然没有干出点什么名堂。

将内讧进行到底

刘锡鸿干外交固然不行，但官场党争却很在行。刘锡鸿人虽到了柏林，与在伦敦的郭嵩焘的恩怨却并未结束，反而愈演愈烈。

当时，郭嵩焘由于出版了《使西纪闻》一书，夸赞西方文化及先进技术，在国内遭到了守旧派的围攻，纷纷要求将他撤回。刘锡鸿见机再次密奏，奏参郭"十大"罪状。

郭嵩焘的反击也没有断。从光绪三年（1877 年）十月开始，他即上奏密参刘锡鸿"器小易盈"，怕他会贻误了国家大事，请求皇帝将其撤回。并称刘在经济问题上也不干净。……

两个驻外大臣之间你来我往相互攻讦，朝廷很不耐烦。最终于光绪四年（1878 年）十月初八日，命李凤苞任出使德国钦差大臣，撤回了刘锡鸿。办理好交接后，刘锡鸿即坐车到法国马赛，乘船回国。

这十款罪状是：一、折奏列衔，副使上不加"钦差"字样，为蔑视谕旨；二、游炮台披洋人衣，即令冻死，亦不当披；三、擅议国旗，谓黄色不当；四、崇效洋人，用伞不用扇；五、以中国况印度；六、效洋人尚右；七、无故与威妥玛争辩；八、违悖程朱；九、怨谤；十、令妇女学洋语、听戏，迎合洋人，坏乱风俗。

刘锡鸿的被撤回，除了主要来源于与郭嵩焘的纠争，影响太坏，还有另外一个原因，在于他得罪了一个重要人物——李鸿章。李鸿章与郭嵩焘的关系很好，洋务政见上李鸿章

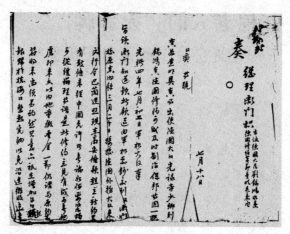

总理衙门奏议刘锡鸿上奏折

也与刘锡鸿不同，刘一向对李鸿章怀有敌意，并不惜点名批评。光绪四年七月，刘在奏折中提到"武备为治标之急务"，并就各省购买舰炮枪枝一事提出质疑。实际上是指责李鸿章斥巨资派自己的亲信李凤苞在德购买轮船枪炮一事。好在总理衙门对此并没有异议，在议奏中驳斥了刘锡鸿的怀疑，但这已经让李鸿章面子上很过不去。李鸿章一向不满于刘锡鸿的所作所为。经过此事，对刘更加怀恨在心。因此，当郭嵩焘密奏请撤刘锡鸿的职，让被李鸿章委以重任的李凤苞代理时，李鸿章也随之密奏光绪帝，称赞李凤苞才优品良……

然而，刘锡鸿并不善罢甘休。回国后，他继续纠参李鸿章，说他"跋扈不臣，骄恣急傲，仇视异己……"。结果，他的纠参被朝廷认为是"信口诬蔑"，打虎不成，反被其伤，落了个交部议处，被革职的下场。

需要说明的是，刘锡鸿去职回国后不久郭嵩焘也解职回国。郭嵩焘的处境也并不比刘锡鸿好到哪里，长期赋闲在家，有时到长沙书院讲讲学，后来被李鸿章招去打零工，主持长江通航等事。

红棉老人的"无影脚"

——记近代史上的佛山张荫桓

张荫桓有三样独门"绝技",一是洋务,二是交游,三是贿赂。就是凭着这三门看家本领,张荫桓硬是从佛山踢进了北京,而且踢出了一片天地。这种"无影脚"的功夫固然厉害,但有时练功太狠,也会伤及自身。张荫桓最后还是栽在了政治上。

近代佛山有两个著名人物,一个是民间英雄黄飞鸿,一个是朝廷要员张荫桓。在晚清历史上,张荫桓的作用要比那个因为港片而家喻户晓的黄师傅更大,也更神奇。

从佛山踢到紫禁城

张荫桓

张荫桓不是武术家,但他在官场上的"功夫"却着实了得。人称张氏有三样独门"绝技":一是洋务,二是交游,三是贿赂。就是凭着这三门看家本领,张荫桓硬是从佛山踢进了北京,而且踢出了一片天地。

港片中黄飞鸿为了救国,开了一间"宝芝林",悬壶济世;而历史上,张荫桓也寻找了一个救国的良方,就是洋务。

张荫桓(1837—1900 年),

字皓峦，号樵野，广东南海佛山镇人，出身于一个商人家庭。年轻时上过外语学校，接触了洋务。后来萌生了当官的念头，但当时清政府有规定——如果想进入正式大清公务员的体系，就必须通过政府举行的"科举考试"，而张荫桓却没有通过考试，好在家里有钱，就捐了个知县，跑到山东做了县令。

虽然不是正途（科举）出身，但张荫桓实在是个天才，因为擅长交涉，办事干练，先后受到两任山东巡抚阎敬铭、丁宝桢以及直隶总督李鸿章的赏识与器重，屡经保荐，官至道员。光绪十年（1884 年），张荫桓被调入了京城，奉派在总理各国事务衙门学习行走，正式涉足清政府的对外交涉事务。次年又经李鸿章保荐，充任清政府驻美国、西班牙（当时称日斯巴弥亚）和秘鲁三国公使，光绪十六年（1890 年）回国后，以太仆寺卿再次担任总理衙门大臣，两年后官至户部左侍郎。经过二十年的磨砺，张荫桓由捐班出身的地方洋务派官员而跻身卿贰，成为清季才具非凡、肩负重职的朝廷大员。后来张荫桓作为大清国的特使被派往英国参加维多利亚女王登极六十周年庆典仪式，此行为他赢得了"爵士"的封号，他是中国官员中第一个荣获此封号者。时人评论他："办洋务起家，骤跻要津。"作为中国最西化的官吏之一，他享有了某种非同寻常的特权，成为社交名人，在西方公使中备受好感。

进京后，张荫桓更加抓紧学习，苦练内功。张荫桓早年没有读多少书，30 岁后才致力于学，诗文书画均卓然成家，尤其是英文方面，能写、能说，被人惊为一代奇才。他将出使时的日记，辑成《三洲日记》，刊行天下，颇名于时。自进京做官后，博览秘籍，师友名流，学问上更见突飞猛进。他的寓中，除了图书满架外，还堆满了收集来的古代名流金石书画，以及电影、留声机等西洋先进奇器。朝中的同僚常被请到他家中吃洋菜、看洋画，或者赏诗词、观古画。50 岁后，他自署"红棉老人"，镌一小印，每有得意的作品，便钤盖此印。许多人都以得到他的片纸为荣，"张红棉"之名一时大噪。

张荫桓的外交才能可是真功夫。欧阳廉《京华见闻录》记载："（张）在总署（即总理衙门）时，交涉每任其难，恭、庆二王仅受成事而已。"

除了自身修炼，张荫桓还练成了一套上下通吃的硬功夫。张荫桓不但工作出色，做人也很机灵。他赴英参加英国维多利亚女王登极庆典归来时，买了许多珍玩，价值数万，遍赠清室诸贵，据说连总管太监李连英，也得了不少。据清人笔记《异辞录》载：从英国回来后，张荫桓曾将祖母绿宝石嵌金刚钻手镯献给慈禧太后，将红宝石嵌金刚钻献给光绪帝。祖母绿是他花重金在法国王宫购买的，为法国王室的旧物；那光彩夺目的红宝石却是外国人制造的赝品，张不识货，认为红宝石最好，因此先献给了光绪帝，但光绪帝叫他一并献给慈禧太后。张通过立山认识了李连英，将两件珍宝转献给慈禧，慈禧很高兴，还赏他用饭。立山是个识货人，看出了红宝石有伪，曾对人说："樵野竟于上前鱼目混珠，可谓一身是胆。"

由于张荫桓使钱送礼太过，有人为此专门上折参劾他，好在那时慈禧还罩着他，让他安然躲过了此劫。当然，据传他也为自己捞了不少的钱，曾不断有人揭发他与外国打交道时，收受馈赠，甚至有传他在华俄道胜银行开有独立账号。而且他居官时每晚必赌，手笔很大，而且不取回扣。

踢来踢去，伤了自己

张荫桓一生本身就是个传奇。他以一捐班小吏，跻身为朝中要员，一脚踏进了中央，而后又踢到了海外，继而成为皇帝的近臣。踢来踢去，叫人眼花缭乱。这种"无影脚"的功夫固然厉害，但有时练功太狠，也会伤及自身。

张荫桓是新派人物，骨子里与保守派水火不相容。他本人在大红大紫之时，不能收敛锋芒，反而恃才傲物，睥睨一时，得罪了许多人。比如他曾在李鸿章手下做了七年的幕僚，但当他得势时，连李鸿章也不放在眼里。当时李鸿章准备引俄以制德、日，操纵廷议举借俄国外债；而张却与自己的昔日老师相颉颃，力主亲英、美。外交路线不同，导致师生失和。李鸿章很是生气，暗中运动王鹏运、胡学宸等人先后参劾他，无奈当时张得宠正隆，未能成功。

据陈夔龙《梦蕉亭杂记》记载，一次李鸿章在总理衙门会晤英国公使，陈夔龙作记录。英国公使哓哓不休，一直谈到傍晚才离去。中间张荫桓到署，加入了会谈。谈完后，记录员将两千多字的会晤记录交李鸿章阅定，然后转供事缮正，准备连夜交军机处，呈请各中枢大臣阅看。将下班时，陈记起没有在问答簿上添写"某时某刻张侍郎入坐"的字样，于是直赶回去添注。不想张荫桓已将会谈记录提出，一看没有注明自己入坐的字迹，很是生气，说："这么重要的会谈，连我的衔名都忘记录，可见记录人偷懒，所记录的内容未必全都可信。"同时还很不客气地说：李鸿章"年老，长谈之下，未必总在状态，所答之话，我亦不放心"。旁边的人听了，备感惊讶。戊戌变法前，李鸿章奉旨"毋庸在总署行走"，被清扫出总理衙门，也与张荫桓有关。据《梦蕉亭杂记》记述，后来张荫桓获罪发遣新疆，李鸿章得知后，曾十分解气地对人说："不料张樵野也有今日也！我月前出署，几遭不测，闻彼从中作祟。此人若不遭严谴，是无天理！"可见张、李二人反目为仇，积怨之深。

张荫桓在得罪李鸿章的同时，还得罪了另外一个重要人物，就是两朝（同治、光绪）帝师翁同龢。据记载：一次总理衙门考选章京，恭亲王奕䜣叫他主持甄选，出题阅卷，一手包办。非科举出身的张荫桓有意报复，凡是正途出身的，多不录取。翁同龢当时以军机兼总署大臣也无法制止。两人本来就不和，从此更加互相倾轧。

当时朝中遭张荫桓"无影脚"的人当然不止李、翁两人。在戊戌变法中，张荫桓去除"老朽昏庸之大臣"的主张，就狠狠地得罪了保守派大臣们。张以新派人物自居，睥睨张扬，自然被保守派所嫉，而且新派人物也看不惯他，因此在他大面积"踢人"的时候，人家也在踢他。张在京十几年，台谏大臣参劾攻击者不下十多起，年年都没有中断过，而他却迁擢如故，宠眷不衰。这当然有其内在原因。甚至，王鹏运参劾张荫桓与翁同龢朋比结党，相谋纳贿，结果导致翁同龢被遣放归，而张却安然无恙。据清末李岳瑞《春冰室野乘》说，翁同龢被逐时，张荫桓也曾隐隐不安，当时有人求他画

扇面，他命笔洒墨：画"湿云翁郁，作欲雨状，云中露纸鸢一角，一童子牵其线立危石上"，画毕并自题诗其上，有曰："天边任尔风云变，握定丝纶总不惊。"可见其自感危机时，尚能好整以暇。

张荫桓最后还是栽在了政治上，其关键原因在于失去了慈禧太后的信任。他最初很得慈禧的赏识，后来，由于宣传变法之故，逐渐向光绪帝靠拢，成为了"帝党"中的重要分子，而被"后党"所不容。

张荫桓搞洋务出身，对西方政治颇为向往，也是主张改革的，而且他与康有为同乡，关系不同寻常。相传康有为的许多奏章见解，实际都出自张荫桓的幕后操纵。据时人胡思敬披露："有为之开保国会也，演说二十事，人莫能明，皆是之荫桓。二人表里为奸，有为尝单骑造荫桓门，密谈至夜分，往往止宿不去。"此时，张荫桓是清廷最通达外情的高官，自戊戌春季始，他屡被皇帝召见。仅戊戌三月，光绪皇帝即于初一、初二、初十、十四日、十七日、十八日、二十八日共七次召对张荫桓。因而，他对于皇帝的意向，颇为知情。也正因如此，守旧派的代表人物徐桐对张荫桓高度戒备，他专门向皇帝呈递密折，指责张氏贪奸误国，屡蒙召对，耸动圣听，接待德使，曲循夷情，有伤国体。……吁请皇帝"特伸乾断，将张荫桓立即严遣，禁锢终身，勿贻肘腋之患"。

"百日维新"期间，慈禧太后总认为光绪帝等一班人在胡闹，后来康有为等唆掇光绪帝开"懋勤殿试议"制度，设外国"顾问团"。日本明治维新的重要人物、"下野首相"伊藤博文跑到了北京，慈禧这才着急起来，深怕这班人借助外国势力，以伊藤的手腕，日本与英国人的兵，辅助光绪，向她夺权。于是光绪帝接见伊藤时，慈禧太后匆匆从颐和园回宫，当天晚上就发动了政变，将光绪帝囚禁起来。光绪帝接见伊藤一事，实际上从前到后都是张荫桓一手操作的，会见时，光绪帝旁边陪同的即是张荫桓。由此可见，张荫桓这一脚踢到了慈禧太后的痛处，于是慈禧当然要反踢，置张于死地。

实际上，慈禧早就酝酿要办张荫桓了。《异辞录》记载：光绪二

胡思敬对张荫桓与康有为之间亲密关系的揭示，还可以从文悌的《严参康有为折稿》中得到证实。文氏之奏折谓："康有为两三月中，凡至奴才处十余次，路隔重城，或且上灯后亦至，往往见其车中携有衾枕。奴才家丁问其随仆，皆言其行踪诡秘，恒于深夜至锡拉张大人处住宿。盖户部侍郎张荫桓与康有为同县同乡，交深情密，是则许应骙言其夤缘要津，亦属有因。"

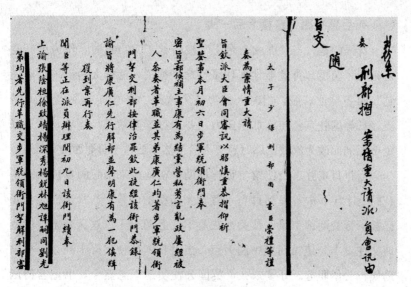

刑部为缉拿维新派党人奏折

十四年（1898年）端午节，慈禧曾召见左翼总兵英年，叫他传令九门提督崇礼，说要查办张荫桓，提前准备一下。英年带兵到了张所住的锡拉胡同待命。这天，慈禧在颐和园召见庆亲王奕劻、刚毅等人，光绪帝也在场。慈禧说："很多人弹劾张荫桓遇事专擅，你们听说没有？"庆亲王回奏："总理衙门只有张荫桓能干，可能招人所忌。"慈禧不高兴，说："难道张荫桓死了，总理衙门就关门了？"后来由于众人求情，慈禧才放了张荫桓一马。光绪二十四年八月十一日（1898年9月27日）刑部尚书崇礼上的一份奏折提到了"戊戌政变"中捉拿维新党人的内幕。从奏折中可知，八月初六日（9月21日），步军统领衙门已接到密旨，捉拿康有为及其弟弟康广仁。这天，缇骑再次光临锡拉胡同，直入张宅，但只是搜捕康有为，不获而去。有邻居说："事不过三，下次就危了。"果然，八月初九日（9月24日）再次奉上谕捉拿包括"戊戌六君子"其他五人在内的九名维新派人士。而排在九名通缉犯之首的正是张荫桓。于是缇骑第三次进入锡拉胡同，张荫桓在劫难逃。

张荫桓被拿，从此政治生命走到了尽头。

死后狠狠踢了慈禧太后一脚

奇怪的是，当"戊戌六君子"被斩首于菜市口时，作为维新党首犯的张荫桓却奇迹般地保住了性命。据说，慈禧太后以"尚非逆党"四字替他解脱。当时人们都认为这是"奇恩"，实际上这乃是英、日等国驻京公使施加了压力，并通过李鸿章进行运动，结果张免于死刑而改为流放。那时慈禧太后当然不敢过于得罪西方列强。

当年日本驻京公使馆参赞林权助，在他后来出版的自传《谈谈我的七十年》中曾提到过当年营救张荫桓的内幕：八月十二日，张已被下旨交刑部审讯，被关押在监牢已经两天了。这天晚上，伊藤博文在日本公使馆回宴中国大臣。当时日本公使矢野未在京，林权助代行公使职务。开宴未久，英国公使窦纳乐忽然令其书记官持函求见，林权助走出来，拆函阅看，信上说："我知道你们那里今晚举行宴会，但这件事关系实在重大，因此叫书记官执函前往，务乞阁下一定抽片刻之暇，面复书记官。据确实消息，张荫桓明天将被处死。现在伊藤公就在贵处，请借助他来救张。"当晚李鸿章也在被请宴席中，但为保密起见，林权助决定宴会后再谈。宴会结束，林权助才告诉伊藤博文，并请他一同前往李鸿章寓所，伊藤同意，于是乘马车午夜前往李鸿章住处。李见二人黄夜来访，大出意外，林将来意告知，并表示是由英国公使叫人通知，特来面询援救张荫桓办法的。但李表现很冷淡，并将张荫桓曾受自己的提拔，后来变脸敌对的事说了一遍，表示不愿援手。后来，在伊藤与林权助的威胁利诱下，李鸿章才答应去找荣禄，请他到慈禧太后前面说情。

张荫桓逃过了一劫，而临时顶替他赴菜市口刑场的，成了杨深秀。张当然得知了个中的情由，即使被发配新疆，依然张狂如旧，在被押解戍所的路上，毫不检点，一路还摆官架子，对人说："这老太太（慈禧）给我开玩笑！还教我关外走走。"他这样做，是因为自知有英、日等国撑腰，慈禧也拿他没办法。

两年后，义和团运动爆发，记仇的慈禧太后不买外国人的账了。随后，八国联军入京，慈禧不得不带着光绪逃至西安，遭遇这等奇

慈禧在颐和园仁寿殿前乘舆拍照。前右为大总管李连英，左为二总管崔玉贵

耻大辱，她当然咽不下这口恶气，于是在庚子年六月，一份电旨发到新疆，下令将张荫桓"就地正法"。临刑，张神色镇定，还给侄子画了两页扇面，并对剑子手说："爽快些！"

谁能想到，张荫桓死了，其"无影脚"还能伤人。一年后，慈禧等不得不与西方各国求和，而外国人旧账重提，认为张荫桓死得冤枉，要求清政府表态。慈禧太后又开始顾忌了，于是用光绪皇帝的名义，下旨：

> 据奕劻等奏，英、美两国使臣请将张荫桓处分开复等语，
> 已故户部侍郎张荫桓著加恩开复原官，以敦睦谊。钦此。

一个官员定罪被杀后又重新开复原官，"死人复活"。而上谕中"以敦睦谊"，则说明了这是来自西方的压力。

这个张侍郎果然了得，死后，还踢了慈禧老太太一窝心脚。

胡适与清政府的留美官费生榜单

浪子回头金不换，胡适考学放洋，是他人生的一个重大转折，因此他对此事十分关注。后来他在同榜的竺可桢那里看到了当年油印的"第二次考取庚子赔款留学美国学生榜"，并得到了抄本。

出国留学，早在清末就已出现，那时还是新生事物，竞争远比今天要激烈。许多人因此改变了一生。

作为海归的前辈，胡适在《追想胡明复》一文中，曾讲过一件自己亲历的出国考试发榜的趣事：

由外务部和学部两家派出官员组成"游美学务处"负责考试挑选、管理、派遣、联络等事宜。这个学务处先是在候位胡同，后是在史家胡同办公，考场自然也就设在史家胡同，考生看成绩也是在此地。

宣统二年（1910年）七月，我到北京考留美官费。那一天，有人来说，发榜了。我坐了人力车去看榜，到史家胡同，天已黑了。我拿了车上的灯，从榜尾倒看上去（因为我考得很不好）。看完了一榜，没有我的字句，很失望。看这头上，才那一张"备取"的榜。我再拿灯照读那"正取"的榜。仍是倒读上去。看到我的名字了！仔细一看，却是"胡达"，不是"胡适"。我再看上去，相隔很近，便是我的名字了。我抽了一口气，放下灯，仍坐原车回去了，心里却想着："那个胡达不知是谁，几乎害我空高兴一场！"

胡适

第二次考取庚子赔款留美学生

这个胡达，便是胡明复，后来和胡适同船赴美，同进了康奈尔大学，成为胡适的好朋友。

"留美官费"，又称"留美国赔款官费"。这"赔款"即是庚子赔款。庚子那年（1900年），八国联军侵华，打进北京，后逼着清政府签订丧权辱国的《辛丑条约》。仅"赔款"一项，就按当时中国人口总数每人白银1两，计4.5亿两，4厘计息，分39年本息付清，共计9.8亿多两。后来，美、英等国宣布将赔款中尚未付给的部分"退还"，用在中国兴办学校、图书馆、医院，以及设立各种学术奖金，或派遣留学生的经费。美国于宣统元年（1909年）开始退还庚款，当年就选派了第一批留美官费生。胡适考的是第二批。

这一年，胡适不到20岁。1904年他离开故乡绩溪到上海求学，后考入上海的中国公学，又转入新公学。后因学校解散，他不愿回老公学，又不想回家乡，就寄居上海。前途不明，忧愁苦闷，遇上一班"浪漫的朋友"，一起胡混，吃喝嫖赌，都学会了，后来甚至闹出了"酗酒闹事，殴伤巡捕"而被关班房的事件。这件事，对胡适

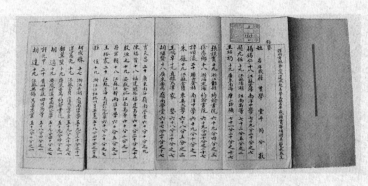

清宫藏"第二次考取庚子赔款留学美国学生榜"

刺激很大，想起对慈母教诲的辜负及李白"天生我才必有用"的名句，下决心痛改前非，北上考官费留美学生，脱离这班酒肉朋友，结束他"个人历史上的黑暗时代"。当时胡适两袖清风，穷得连蚊帐都买不起，还欠了一些债，哪里有钱赴北京应考？即使考上，自己出洋了，哪里有钱供养母亲？后来，好友许怡荪力劝胡适摆脱一切去报考，还答应代他筹措经费。另一个好友程乐亭，赠送胡适二百银圆作路费。他的族叔胡节甫答应为他筹款并照顾家里生活。在这些人的规劝资助下，胡适才得以安心读了两个月的书，然后顺利北上，参加留美考试。

考试分两场。头场考国文和英文，胡适考得不错。国文试题是"不以规矩不能成方圆说"，他做了一篇乱谈考据的文章，开头上说："矩之作民，不可考矣，规之作也，其在周之末世乎！"这其实是胡适一时异想天开的考据，不料正好遇上批卷子的先生大有考据癖，对胡适的文章特别赏识，批了个 100 分。英文考了 60 分。头场平均得 80 分。第二场考理科，考得不好。最后平均分 59 点多，离及格还差一点点，幸亏这次考试出洋有 70 个名额，考得好的不多，胡适总算侥幸，考取了第 55 名。

浪子回头金不换。胡适考学放洋，是他人生的一个重大转折，因此他对此事十分关注。后来他在同榜的竺可桢那里看到了当年油印的"第二次考取庚子赔款留学美国学生榜"，并得到了抄本。李敖的《胡适评传》卷首处，印有赵元任所藏榜文照片，共五张，在第

四、五张上，有胡适在1934年3月27日手写的跋，开头一段说：

> 民国廿三年二月我在南京竺可桢先生家中看见他保存的这张油印榜文，我托他重抄一份寄给我。寄来之后，我又托章希吕先生重抄一份保存在我的日记里。中国政府最早派遣留学美国的学生四批，其姓名履历都保存在徐雨之的年谱里。我盼望这张榜也可以长久保存，为后人留作一种教育史料。

胡适生前绝没想到，在清宫档案中也完好地保存着一份榜文。2004年哈佛燕京学社的杜维明先生见到了这份榜文，曾感慨道："如果胡适先生在世，并亲眼看到这份官方档案，不知会有什么样的感慨呢！"

典章制度

教科书里
没有的

清史

天妃显灵助册封

这些人驾船跑到远洋海上去做什么？是享受"泰坦尼克"的奢侈豪华游，还是为了一遇传说中的海上美女（天妃）？实际上，这是一只清朝的册封使船，它的使命是前往琉球（今日本冲绳），完成皇帝交办的册封琉球新国王的使命。

乾隆二十一年（1757 年）仲夏的一天，在远离祖国大陆东南海上的一个小岛边，一只庞大的豪华楼船被困在那里。夜里，飓风大作，十一根泊船的缆绳一下子全都断裂，船像一只失去控制的野马，被抛向狂风暴雨中无边的黑暗海洋……

接下来的情形，清人袁枚在《子不语》中这样描述："……水色正黑，日月晦冥。相传入黑洋从无生还者，舟子主人正共悲泣，忽见水面红灯万点，舟人狂喜，俯伏于舱呼曰：生矣！娘娘至矣！果有高髻而金环者，甚美丽，指挥空中。随即风住，似有人曳舟而行，声隆隆然。俄顷，遂出黑洋。"

册封琉球使船

三百五十多年前，一个好莱坞式的海上奇迹就这样发生了。

这一事件，后来被证明并非袁才子凭空编造。当时就在船上的大清册封使全魁、周煌在后来给乾

隆皇帝的奏折中，确实凿凿写道："仰赖皇上洪福，天妃效灵，神光见于桅顶。"

此事真耶？幻耶？且放到一边。有人会问，这些人驾船跑到海上去做什么？是享受"泰坦尼克"的奢侈豪华游，还是为了一遇传说中的海上美女（天妃）？

实际上，这是一只清朝的册封使船，它的使命是前往琉球（今日本冲绳），完成皇帝交办的册封新国王的使命。

古代琉球是中国东南太平洋上的一个岛国，早期历史渺茫，13世纪始有信史。明洪武五年（1372年）琉球国王遣使入明称臣纳贡，直到清光绪五年（1879年）日本吞并琉球为止。这期间，琉球作为中国的藩属国，每届新王嗣立，皆请命册封。明清两朝统治者大都应其所请，派遣大型册封使团远渡重洋册封琉球，从而形成了固定的册封制度。明朝自永乐二年（1404年）至崇祯十七年（1644年），共册封琉球国王 16 位；清朝自康熙二年（1663年）至同治五年（1866年），共册封琉球国王 8 位。

册封使在琉球的活动主要为谕祭、追封故王、册立新王等。册封正副使通常从内阁、六部、翰林院等中央衙门行人、编修等六七品官中选拔。新授的使者在礼部查照册封礼仪、祗领节、诏敕、谕祭文、新驼钮王印、银币、冕服等物，然后前往福建筹造"册封舟"，择吉日出航。庞大的使团人数每次在 300 至 700 人之间，除了官员

册封仪式图

与军士，还包括文人、医生、高僧、道士、天文生、书画家、琴师、各种工匠等。当然还带有大量的礼品与贸易品。

册封使是天朝皇帝的特使，琉球国王及臣民十分尊敬，礼遇非常周至，将其视为国家的盛大节日。册封大典通常在中山正殿举行，"行大封拜礼，国王升降，进退、舞蹈、祝呼，肃然如式"，册封之日"倾国聚观，不啻数万，欢声若雷"。

琉球进京谢封图

明清时期，朝廷特使出使其他周边陆路藩属国，通常册封仪式一完，就可回国。而出使琉球册封却不同，使船要等冬季北风起时，才可扬帆回程，因此往往在岛国一呆就是几个月。这期间，他们会进行各种政治外交活动，同时与琉球各界人士交往，广泛传播中华文化，比如诗歌、书画、测量技术、烹饪厨艺、兵器制造、农业技术等。另外，册封使团所携大量药材及其他经济贸易用品也流入了琉球社会。正是由于册封使的宣传，推动了琉球国更频繁地向中国大陆派遣朝贡使团，进行外交与贸易活动，并派留学生到北京入国子监学习。

当时惯例是，过海以夏至前后两三天，归以冬至前后两三天。

册封使团在琉球逗留期间，外事纪律严明，凡出使期间一切馈赠都要归公。册封官员很注意形象，以风节自重，给琉球国王及臣民留下了为官清廉的印象。为此，琉球国还建有却金亭，以彰扬中国使臣的高尚品质。

陈侃《使琉球录》说册封使返程登舟之日，琉球"官民送者如蚁，皆以汉官威仪不可复睹，至有泣下而不忍去者"。

册封琉球是非常艰巨的使命。明清时期的琉球国应该是距离最远的藩属国，航路极为险恶，"浪大如山，波迅如矢。风涛汹涌，极目连天"。为此，明清曾一度考虑停止册封活动。册封使虽然身受天子特使之殊荣，又于他国受顶级尊遇，但他们不但饱受使途艰辛之苦，还要做好随时殉职的思想准备。抬棺出使并非虚说。康熙二年（1663年）册封使张学礼在《使琉球记》中记载，早期的使琉册封使的封舟上，"设浮翼，造水带至载棺，而亟银牌于棺首，书云某使臣棺，令见者收而瘗之"，以备一旦遇险，好有个全棺葬身。另外，册封使团成员还要学会鲁滨逊的野外生存技巧。他们往往"随带耕种工具"，以防途中遇险，"飘流别岛不能复回"。同时，出使人员临行前通常会安排好后事，所谓"虑员役损失，后事俱备"。因此，一些官员甚至害怕被钦点为琉球册封使。明永乐二年（1404年）第一次选任册封使臣，一时没有人选，竟然选出个戴罪的囚犯。嘉靖三十七年（1558年），皇帝钦点的册封使是吏科官员吴时来，吴畏惧不前，被削官成边。当然，绝大多数的册封使还是勇敢的，皆能从国家利益出发，以"天子命奉使绝域"为荣。

众史书记载，几乎每次册封，使舟在海上都会遇到各种灾难与危险。这时候，除了航海技术以外，只好听凭运气了。他们往往会拜祭天妃等海神，祈佑平安。

天妃，就是民间的海神"妈祖"。传说她出生于宋建隆元年（960年）福建莆田一个大姓人家，因为出生至弥月间都不啼哭，便给她取名林默。林默自幼聪明颖悟，8岁从塾师启蒙读书，过目成诵。长大后，她决心终生以行善济人为事，矢志不嫁。平素精研医理，为人治病，教人防疫消灾，为乡亲排难解纷。她洞晓天文气象，熟习水性。湄州岛与大陆之间

乾隆时期福建泉州府同安县厦门港天妃庙图

的海峡有不少礁石，在这里遇难的渔舟、商船，常得到林默的救助，因而人们传说她能"乘席渡海"。她还会预测天气变化，事前告知船户可否出航，所以又传说她能"预知休咎事"，称她为"神女"、"龙女"。28岁那年林默去世。因默娘生前与民为善，升化后被沿海人民尊为海上女神，立庙祭祀。后屡显灵应于海上，渡海者皆祷之，被尊为"通灵神女"。从宋至清朝，历代皇帝先后36次

嘉庆五年（1800年）关于册封天后封号的上谕

册封，封号由2个字累至64个字，爵位有"夫人"、"妃"、"天妃"，立庙京师，至清康熙二十三年（1684年）封"天后"，并列入国家祀典，进行春秋祭祀。其庙宇遍及东南沿海，甚至远及朝鲜、日本及东南亚各国。

有趣的是自明至清几次册封使海上遇险，都出现过天妃显灵的记载。因此，天妃成为册封使的保护神，每届册封使出发前，必须祭拜天妃。这种风气传到琉球，当地也建起了天妃宫。更有甚者，每届册封船上还要设天妃堂，随员中有专门的"香工"，负责天妃神座前油灯等事务。劫后余生的册封们安全回国的第一件事，就是上奏皇帝为天妃娘娘请封。

天妃，这位生于宋代东南海滨的一位青春而夭的姑娘的在天之灵，一路伴随保护着册封使们，一次又一次见证了中琉友好交往历史的华彩乐章。

军机处"上班"那点事

在清代，说起"上班"来，在中央，最叫人羡慕的即是入军机处做章京。虽然，内阁中书与军机章京的品级一样，但前途与地位却有很大差别。读书应进翰林院，上班就来军机处，信然。

清人方浚师《蕉轩随录》中提到有个河南光州的吴葆晋，曾不无遗憾地对人说："在京师时，有恨事二：中进士不入馆选，官中书未直（值）军机处。故每遇翰林，未尝与之讲词章；遇军机章京，未尝与之论朝政也。"

这个吴大人的言论，道出了清代读书做官者的无限心事。考上进士了，却没有进入翰林院，说明你的殿试成绩不理想。清代殿试，

军机处军机大臣值房内景

成绩在二甲末流以及三甲之中者，一般都会直接留在京中衙门当"科员"（内阁中书或六部主事），再等而下之，就被发到地方做七品知县。而那些二甲及二甲以上的进士，直接入翰林院，不但得个清流的好名声，而且可以有大段的时间专门来做学

军机章京值房——南屋

问。出来后，他们不仅有了翰林的身价，而且社会地位与做官的机会都更高、更多。

实际上在中央衙门里做小官僚也有自己的前途，而且以今天的眼光看，就是更早找到了工作，也不错。只不过，说起"上班"来，在中央，最叫人羡慕的即是入军机处做章京。虽然内阁中书与军机章京的品级一样，但前途与地位却有很大差别。读书应进翰林院，上班就来军机处，信然。

清初沿用明制，中央事务统由内阁董理。但内阁机构日益庞杂，工作效率降低，在顺治、康熙时期，又出现了"南书房直（值）臣"，就是皇帝选几个心腹词臣，时刻在乾清门内的"南书房"中候着，不定什么时候皇帝就会召见，一起商量事情，当然都是些机密的事情，因此当时的"南书房直臣"们有的品级不高，却很有势力。如康熙朝的高士奇，连进士都不是，官品也只是六品，但每天王公大臣都跑到他的府邸外等候，以打听宫中的消息。甚至他的恩师——内阁首辅大臣明珠，也一样溜溜地跑到胡同口去候着。到了雍正时期，雍正帝这人比较有政治斗争的经验，好搞单线联系，南书房式微。当时正赶上青海打仗，军务繁忙。由于内阁在太和门外，

人多地杂，怕泄漏军机，因而在隆宗门内设置"军需房"，选派谨密的内阁中书入值，缮写密旨。这是雍正六、七年（1728—1729 年）间的事情。

由于地近内廷，便于随时宣召，讨论拟旨，临时设置的军需房，扩大编制成为正式机构，改名"军机处"。在乾清门西侧隆宗门内，南北向各五楹，北屋为军机大臣直（值）庐，南屋为军机章京值庐。

清代的军机处是一个具有极高效率的最高行政机构，在这个机构中工作的人都十分敬业，因此从雍正中期军机处创立，到宣统三年（1911 年）四月裁撤，一百六十多年间，国家政务的上传下达，能做到如以臂使指，始终贯彻而灵活，全赖军机处的工作效率作保障。

无疑，比起其他清闲的衙门，在军机处上班是很累的，尤其是军机章京。

军机处里常设的有两种人，一是军机大臣，也就是主事的；二是军机章京，也就是跑腿的。军机大臣，在乾隆年间，一般在 6 至 8 人，道光以后，通常 5 至 6 人，基本上满汉人各占一半。军机章京人要更多些，定制满汉各 16 员。后来又出现了"额外行走"的章京，满汉各达到 18 人之多。

军机大臣通常由内阁大学士等兼任，而军机章京则似乎是专职，要由内阁中书或部曹主事等通过考试选拔。条件很严格，首先必须是正途出身，也就是必须是进士或举人等；其次必须是保举，出了事有人担着；三是要经过选拔考试。这些都过了，就可以到军机处"上班"了。

在军机处，"上班"一事，主要是对军机章京而言的。因为，军机章京是讲究"班"次的。清廷最初规定：军机章京满汉各 16 人，分为满汉两班，称为"头班"、"二班"；每班以一人领班，满语称"达拉密"；又设"帮领班"（副班长）一人，叫"帮达拉密"，简称"帮达"。

章京们的工作安排，叫"班务"。首先就是"值班"，也就是"上班"。正常的"班"大致在早上 8 点至下午 3 点左右，八小时，此外还有早班与晚班，满汉各分两班，花搭着排班，也就是满头班、汉头班、满二班、汉二班，依次轮流着值班。通常情况下，早班每班值期两天，大致在凌晨4时至7点，这个时候通常是最忙的，因为清朝实行五更上朝，在这之前，奏折也要提前送上来。另外还有专人值夜班。真所谓二十四小时不离人。当然上夜班也不是睡大觉，军机处的规矩，一是当天的事当天办，二是公事不能带回家做。因此，值夜班就意味着是晚上加班。

军机章京的工作内容主要是"拟批"。清代以文牍治天下，官方文牍主要有两大类，一是题本，二是奏折。题本要经过通政使司、内阁等衙门层层上递，效率很低；奏折是官员直接上报皇帝，由皇帝直接处理，效率高。而皇帝接到奏折后，通常召见军机大臣，面商处理意见，军机大臣"承旨"后，下来再向军机章京"述旨"，由章京执笔"拟旨"，军机大臣略作修改，再报皇帝批准。皇帝批示之文通过军机处以"廷寄"、"明发"的形式颁抄各有关单位。这就是章京们的主要任务。当然拟办圣旨过程中，还要作备份记录，如"随手登记档"、"上谕档"、抄写"军机处奏折录副"等，同时还要发各种联系工作的"知会"等，很是繁忙。有时候，特别紧急的事件，则一件旨由几个章京同时缮抄。通常采用"点扣"之法，一般每页"廷寄"5行、每行20字，每两页称

军机大臣们被皇帝召见"承旨"后，回到军机处向章京们传达，这叫"述旨"，然后军机章京们就开始根据"述旨"来"拟批"。

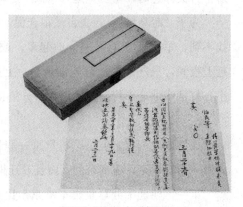

军机处"廷寄"

军机处"录副"与"奏匣"

一扣，因此每一扣计200字。照此类推，点好字数，分别缮抄，最后由纸匠黏接，谓之"接扣"。

《蕉轩随录》中提到咸丰末年做过云贵总督的潘铎，亦是军机章京出身，曾仿八股体裁，戏做"两比"，记录了军机章京们上班的情况：

> 寅初入如意之门，流水桥边，唤取衣包于厨子。茶熬几碗，剪烛三条，两班公鹄立枢堂，幸值此八方无事之时，奉朱笔而共商起草。

> 未正动归心之箭，夕阳窗外，频催抄折于先生。开面数行，封皮两道，八章京鹓跄直署，谨遵夫四日下班之例，交金牌而齐约看花。

从中可以看出，军机章京们的上班可谓：团结、紧张、严肃、活泼。

以上文字，并不是记载紫禁城内军机章京的"上班"，而是记录了皇帝驻跸圆明园时，军机处值班的情况。

军机处是随着皇帝走的，皇帝出巡、行围都要随行。因此皇帝驻圆明园时，就值"园班"；皇帝行围时，就值"围班"。皇帝常驻的一些地方，如圆明园、颐和园、承德避暑山庄等，都有军机处"值庐"。皇帝出巡，军机处的事务更加繁重，军机章京就要克服种种困难。比如遇到紧急事情时，军机章京就要仓促拟旨，等到皇帝途中打尖休息时，待机呈递，叫做"赶乌墩"。

"乌墩"，满语，指皇帝中途小憩之意。

为了"赶乌墩"，行文自然很仓促。行帐中简陋，有时连几案都找不到，军机章京们大多伏地起草，或用奏匣当书桌，悬腕而书。赶上夜间，只好拿铁丝灯笼做烛台，上插蜡烛，借光拟旨，有时不小心打翻蜡烛，弄得一身蜡泪，十分狼狈。

虽然如此劳累，但是军机章京一职还是所有为宦者的首选。因为做了军机章京，有名有利，而且升迁得快。

第一，朝廷十分尊重机军章京。比如从服制上来说，军机章京可以挂朝珠、穿貂褂、戴全红雨帽。按制度：挂朝珠的资格是文职五品以上武职四品以上；穿貂褂则是四品以上官员的待遇；而全红雨帽则只有三品以上官员才允许。但军机章京属"内廷行走人员"，七品的内阁中书，一补军机章京，便三样待遇都可以同时享受了。

第二，由于军机章京位尊权重，因此少不了有人巴结行贿，应酬多，外快自然不少。尤其到了清末，这种现象日益严重。近人郭则沄《南屋述闻》记载：

> 军机处地位极清严，然如《曝檐杂记》所述，湘抚陈文恭以撞锦伴函，闽抚阎敏惠以葛纱馈节，闽督杨某被劾入京，对章京各致币毳数事，则人事之馈遗，固不能尽绝也。余幼时所见，凡致冰敬、炭敬者，皆曰吟梅若干韵。至光绪季年，则冰敬、炭敬之名，几于昌言不讳。风气之变靄如此。

有了这些外快，章京们就可以下班后"相约看花"了。

第三，也是最重要的，当上章京，是升官"终南捷径"。军机章京有"三年一保举"之例，因此比其他同级司员部曹们升得快。另外，由于在核心部门工作，时有被皇帝发现提拔的机会。乾隆年间著名的大臣毕沅就是一个典型。

光绪二十四年（1898 年）七月二十日，由于变法的需要，光绪帝下谕："内阁候补侍读杨锐、刑部候补主事刘光第、内阁候补中书林旭、江苏候补知府谭嗣同，均着赏四品卿衔，在军机章京上行走，参预新政事宜。"以候补人员提为四品军机章京，可见军机章京的重要。如果戊戌变法成功，恐怕这几位章京将会执掌政权，开创出另一番气象来。

毕沅事可参见本书《清帝身边的休宁读书人》中的相关内容。

我们回头再看文章开头吴大人的感慨，不禁会有些失笑。如果吴大人真的点了"庶吉士"入了翰林，那他就一辈子也别想做军机章京了。因为根据条例，如果进士入了翰林，就没有了做军机章京的资格。这与大员弟子不准入军机一样，是回避制度。当然，吴大人是既没能入了翰林，也没做成军机章京。这当然成了他一生耿耿的憾事了！

这个吴葆光，为人颇有些另类，与龚自珍意气相投。龚自珍现在评价很高，被誉为近代思想家、文学家及改良主义的先驱。他那首著名的诗："九州生气恃风雷，万马齐喑究可哀。我劝天公重抖擞，不拘一格降人才。"小学生都会背诵。

在《己亥杂诗》第三十首中，龚自珍称他与吴葆晋二人"事事相同古所难，如鹣如蝶在长安"，可见情谊之深。该诗小注特意提到二人有七同，即戊寅同年中举、己丑同年中进士、同出考官王植门下、殿试同不及格（同为名列三甲）、同官内阁、同日改外、同日迁原官。

龚自珍有生之年过得并不如意，吴葆晋境遇也大抵如此。咸丰十年（1860年）二月，捻军围攻清江浦城。城破时分，身为淮海道台的吴葆晋和副将舒祥带领亲兵，负隅顽抗，捻军纷如潮涌，抬炮、土铳射作一团。吴葆晋手持洋枪六转子，退入道台大堂，最后弹尽，被乱枪射中胸部，状如蜂窝。舒祥头部中弹，脑浆迸裂。有人上去割了首级，拿去领赏交差……

如果他当初入值了军机处，一定不会是这个下场了。

太上皇乾隆的元旦一天

　　1796 年 2 月 9 日，农历丙辰年正月元旦。这一天虽然是嘉庆元年的第一个元旦，但大清紫禁城宫中的主角还是嘉庆帝的老子——乾隆帝。就在这一天，乾隆将皇帝的位子传给了儿子嘉庆，自己做上了太上皇。86 岁的"十全老人"度过了热热闹闹而又筋疲力尽的一个元旦。

　　元旦这天，才交子时（凌晨 0 点左右），养心殿皇帝寝宫中，86 岁的老皇帝早早地从床上爬起，离开了热乎乎的被窝。按宫中惯例，皇帝每天要在寅时（早晨 5 点左右）起床。而元旦这一天，则要起得更早，因为这一天是岁首，作为一国之君，皇帝要早起，代表天下苍生迎接新春。

　　虽然已进入了嘉庆纪元，但皇位授受大典还没有举行，颙琰的身份还是皇太子，年迈的乾隆帝当仁不让地继续着皇帝的责任。

乾隆皇帝像

做皇帝其实是个很辛苦的差事。

皇帝新衣、压祟钱及元旦开笔

元旦穿新衣，是民间的习俗。在清宫中，元旦日皇帝也要郑重

新装。

乾隆皇帝可以说是个注重修饰边幅的人。在清宫中的《穿戴档》中，经常能看到他亲试新装后下旨重新裁改的记载。

这一天，乾隆皇帝起床后，戴黑狐皮朝冠，穿黄缂丝万字锦地黑狐氅龙袍，外套黄缎绣五彩貂皮边袷朝服，黑狐皮朝端罩，松石圆明带，东珠数珠，厚棉套裤，白布棉袜，蓝缎羊皮皂靴。人看衣装马看鞍，老皇帝穿上了新装，果然气度非凡。

细心的人会发现，与往常不同，老皇帝的腰带上还系挂了许多花花绿绿的荷包——这是用来装"压祟钱"的。

民间元旦都讲究"压祟钱"，清宫也有这一习俗，只不过皇帝的"压祟钱"要气派得多。据清宫档案记载，从小除夕起至二月初二，皇帝都要佩带"吉祥荷包"。腰带左边佩荷包三个：其中黄缂丝珊瑚豆荷包内装"年年如意"一件，红缎拓金线松石荷包内装"双喜"一件，压祟小荷包一个内装金八宝八个、银八宝八个、宝石八宝八个、金锞二个、银锞二个、金钱二个、银钱二个。腰带右边拴小荷包六个：其中青缎拓金丝珊瑚豆荷包三个，一装"事事如意"、一装"笔定如意"、一装"岁岁平安"，其余三个黄缎五彩珊瑚豆荷包不装物品，纯为装饰。

一切穿戴好了，太监进"三阳开泰"果茶一盅，老皇帝漱了漱口。

接下来举行"开笔"大典。

每年元旦，皇帝起床伊始必做的第一件事，就是举行元旦开笔之典。这一发笔大吉制度，明朝就已存在，而且在民间也很流行。清宫当然不比民间，仪典的规格要高得多。清宫元旦开笔制度起源于雍正年间，乾隆帝继位以后六十余年，从未间断过这个仪

元旦开笔用"万年表管"笔

式。他通常在养心殿东暖阁皇帝寝室旁的一间小屋内举行"元旦开笔"，屋内的墙上，挂有乾隆御书的"明窗"之匾。因此，宫中又称元旦开笔为"明窗开笔"。

太监们早早地就做好了"开笔"的准备工作。案几上纸、笔、墨、砚一应俱全，另外还摆着一只金瓯永固杯，杯中注满屠苏酒。一名贴身宫监毕恭毕敬地侍立一旁，举着一只白玉蜡烛为老皇帝照明。通常情况下，皇帝开笔前要默祷上帝，然后将心祈转译成祈求上苍降福祉的吉词，一一书于纸上。乾隆帝拈起"万年笔"，在

金瓯永固杯

暖砚中饱蘸朱墨，于洒金红笺纸当中写下了"乾隆六十一年元旦良辰宜入新年万事如意"，而后又蘸黑墨分别在朱字的右左两边，写下"三阳启泰万事更新"及"和气致祥丰年为瑞"。乾隆帝写得很快，这些吉词，他早已烂熟于胸。从乾隆二十六年（1761年）起，每年元旦开笔，乾隆帝都在重复书写着这几句话，只不过如今年老手颤，字已大不如昔

端石珐琅暖砚

了。搁下笔后，老皇帝象征性地饮了饮金杯中的屠苏酒，再将钦天监新进的本年时宪书翻了翻。这套仪式，象征着皇帝已经为天下苍生授时省岁过了。

这里我们不能不注意到另外一个细节：虽然已是嘉庆元年，但乾隆帝所翻阅的时宪书上年号却印着"乾隆六十一年"，这与颁布于天下的新时宪书不一样，后者年号为"嘉庆元年"。这是因为：上一年的九月，乾隆帝宣诏立颙琰为皇太子，明年为嘉庆元年，颁朔中外。当时皇太子颙琰率王公大臣等恳请时宪书仍用乾隆年号，乾隆帝盛情难却，折中允其所请，每年准许印制乾隆纪年时宪书百帙，专门用于颁赐宫廷及御前亲近王公大臣。于是钦天监特别编制了这种宫中所用的乾隆纪年时宪书。乾隆帝翻阅的就是这种特批的百部时宪书之一。宫中时宪书延用老皇帝年号的制度，一直实行到四年后乾隆帝病逝。

开笔仪式结束，乾隆帝照例作"元旦试笔"诗。这一传统，从乾隆九年（1744年）开始被一直坚持下来。这年元旦开笔诗，乾隆帝用的是去年开笔诗的韵。诗中写道："忆昨居诸犹惕息，即令尊养敢怡神。后兹岁月听而已，那复劳劳计几旬。"一派倦政思息、归去来兮的禅让气度。

大约同时，毓庆宫中，尚未登极的皇太子颙琰也创作了一份内容相同的"元旦开笔"。据嘉庆帝称：早在乾隆六十年宣布他为皇太子后，曾将他召到养心殿，专门教授元旦"明窗开笔"的仪典。因此，整个开笔的书写及遣词用句，嘉庆完全拷贝于父皇乾隆旧例，唯一不同的是，开笔的

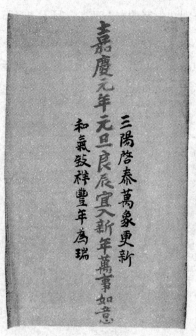

嘉庆皇帝元旦开笔

年号处没有写"乾隆六十一年"，而赫然书写"嘉庆元年"。

这一年元旦，新皇帝嘉庆没有写"元旦开笔"诗。

拜佛、晨读与"咬春"

"开笔"之典以后，乾隆皇帝开始起驾到宫中各处佛堂——拈香拜佛，这是每年元旦皇帝的例行公事。宫中儒、释、道各路神仙圣哲的供祭处大大小小不下数十处，一一拜祭，也花了不少时间。皇帝拈香所到之处，照例要放爆竹接引，并穿插一些仪式，紫禁城中远远近近爆竹声不断。在结束了药王堂和祀孔处的拈香礼拜后，乾隆帝来到乾清宫西暖阁休息。

此时的乾清宫，已挂满各种万寿灯、彩灯、石栏灯，门神、联匾也焕然一新，宫内宫外，恍若天上宫阙。乾隆帝平日早起办公，阅实录圣训，早膳后翻阅王公大臣名牌，披阅奏折，召见臣工等，通常喜欢在乾清宫西暖阁进行。因为康熙、雍正等父祖曾勤政于此地，可睹物思圣，鞭策奋发，另外，乾隆帝对这里还有一种特殊感情。雍正元年（1723年），雍正帝御乾清宫西暖阁，召总理事务王大臣、满汉文武大臣九卿，当众下谕建储，并亲自书写被立储人的名字，密封藏入镭匣内，放在乾清宫正大光明匾后。同时还将立储人名备份一份，带在身边。雍正帝死后，众皇子同王大臣等将正大光明匾后的立储镭匣取出，启钥开封，匣内立储御笔与雍正帝随身携带的御笔完全吻合，被立储人处都写着乾隆的名字。

因为正值"封宝"期间，皇帝处于半公休状态，也免了召见臣工之烦，但阅读实录的功课是不能免的。宫监已将一卷先朝的实录从内阁大库取出，用黄绫袱包裹，盛在楠木匣中，一早送入了乾清宫。

读过了先朝实录，用过奶茶后，心情不错的乾隆帝下旨：赏随驾的郭什哈昂邦（侍卫）和额驸等人奶茶。而后前往弘德殿。

——皇帝要举行"咬春"仪式了。

寅初三刻（大约凌晨3点45分），小太监厄禄里传旨，皇帝于

在清朝，每一个皇帝死后，后人都要将他生前的政绩编纂成书，称"实录"。清廷家法，每个皇帝每天早上都要读先皇的实录，从中汲取治理国家的经验。

弘德殿

弘德殿用膳。弘德殿位于乾清宫西，这里也是乾隆帝传早膳及早晨办公的最佳选择之一。新春第一天，老皇帝要在这里举行"咬春"仪式。昔日元旦"咬春"仪式，通常要与嫔妃们一起过。但这年的元旦，老皇帝决定自己用膳。也许因为那些妃嫔们已老得太不成样了，不看她们的老脸也罢。

一张"大吉宝案"小矮桌被太监跪着进放到炕上，矮桌上摆放着一品南小菜、一品糟笋卧（倭）瓜、一品姜醋。菜肴虽简，盛器却十分考究，皆是内务府专门烧制的铜胎珐琅小碟。盛南小菜的碟上烧有"万国咸宁"字样，盛糟笋卧（倭）瓜的小碟烧有"甲子重新"字样，姜醋则盛在"山"字碟中，取江（姜）山永固之意。

煮饽饽上来了，盛在一个精致的雕漆飞龙盒中。首领太监韩永泰呈举着食盒入殿跪下，另一首领太监吕进保揭开盒盖，里面放着四个煮饽饽，另外还有两个通宝。

清宫岁时自有一套规矩：元旦早晨，皇帝"咬春"进食煮饽饽，通常会在一个饽饽馅中包进银锞（或铜钱），如果皇帝一下子就咬到，象征着开市大吉。也许考虑到老皇帝年事已高，不能嚼咬硬物，闹不好还会出生命危险。因此，本次进煮饽饽，没有包银钱，而是在饽饽旁摆放通宝，作为变通。但有趣的是，这次饽饽盒中同时放入了两个通宝，分别是乾隆通宝与嘉庆通宝。通常情况下，新皇改元，照例要呈上新皇纪年的通宝。但几天前，皇太子颙琰曾率户、工二部尚书请求来年新纪元，饬宝泉、宝源二局及各省分卯同时铸乾隆、嘉庆两种通宝，子臣一片孝心，乾隆帝不好回绝，通融批准。"咬春"之仪出现两代皇帝的通宝，也自有另一番寓意。

总管太监田喜从食盒中夹出煮饽饽，放在一只三阳开泰碗中，传给小太监厄禄里，后者将碗小心翼翼地放到炕上的大吉宝案上，摆正，押在案上的"吉"字上。

乾隆帝象征性地尝了尝煮饽饽，便传旨撤膳。食盒中的两个通宝，作为新春皇上开吉的宝物，被拿到弘德殿收贮起来。总管太监田喜，依照惯例从乾隆帝吃剩下的醋碟中夹出一块姜，在南菜碟中的腐乳中蘸了蘸，染成红色，然后用一个小饽饽托着红姜，喜气洋洋地送往佛堂祭供。

皇帝"咬春"仪典到此结束。

祭典及朝会

寅正（凌晨4点）时分，皇太子颙琰从毓庆宫过来请安，而后乾隆皇帝率皇太子前往奉先殿、堂子处祭祖。

奉先殿位于景运门外，殿内供奉着清帝列祖、列后神牌。每年元旦，皇帝都要在此祭祖。乾隆帝带着太子颙琰一行，于诚肃门外下轿，步行进入奉先左门。奉先殿的祭礼仪式、所设祭器都与太庙祭祀相同，不同的是这里不设牲俎，不举行饮福礼和受胙礼，所奏的祭礼乐亦与太庙祭乐不同。奉先殿行祭，属于皇帝的私祭，因此没有王公陪祭。由于还未举行授宝禅典，颙琰还是皇太子身份，不敢随乾隆帝进殿祭拜，只能于殿门栏外临时设置的一个黄色的拜褥上行礼。

祭奉先殿礼成后，龙袍衮服的乾隆帝带着皇太子颙琰，率宗室王、满洲一品文武官，摆起法架卤薄，一路迤逦前往紫禁城外长安右门外的堂子祭天。祭堂子是满洲入关前的旧俗。堂子为满洲神庙，供奉着入关前四位战死的祖先。入关后，于右安门外建祭神圜殿等，每年元旦，皇帝于此祭天。

朝霜凛凛，仪仗列列，文武百官早已身穿朝服，于午门外列队迎送……

每年元旦典仪的高潮是朝贺大典，称大朝。通常是皇帝坐太和殿，接受文武百官、蒙古王公、各国使节的朝贺。而今年的大朝，又加上了禅位大典的内容。

辰正（上午8点）时分，禅位大典于太和殿隆重举行。

初一皇帝起得早，文武百官也不能睡懒觉，为了入朝给皇帝贺新年，也都是半夜就得爬起，前往紫禁城。身着朝服的文武大臣，及来自蒙古各部的首领，以及朝鲜、安南、琉球、廓尔喀等藩属国的使节们，早已集合在太和殿前，按班序列，等候大典举行。各种仪仗，如中和韶乐、丹陛大乐、导迎乐、卤簿、步辇、五辂、驯象、仗马、黄盖、云盘、龙亭、香亭等从太和殿檐下一路铺设延伸到午门外。

礼部官员前往毓庆宫，将换上朝服的皇太子颙琰请出宫，然后赶赴重华宫迎请乾隆起驾。之后，乾隆帝率颙琰乘舆前往中和殿。落轿后，在一片祥庆中和韶乐"元平之章"中，父子二人缓缓步入太和殿。身着礼服的乾隆帝端坐在殿中宝座上，颙琰肃立于殿东。

静鞭三响，丹陛大乐奏起"庆平之章"，在礼赞官的引导下，颙琰走到设在殿中的拜位后面。此时王公们立于殿外丹陛上，丹墀下，文武百官及外国使节都站好了队。在鸣赞官的宣"跪"声中，皇太子颙琰率殿外众臣百官、外藩使节等一齐向御座上的乾隆帝跪拜，鸣赞官开始宣读"庆贺传位表"。而后，两位大学士导引皇太子颙琰走近御座，跪于左旁，大学士请奉"皇帝之宝"，跪着献给乾隆，乾隆将宝玺亲自授给皇太子颙琰。

就在这一刹那，乾隆的身份变成了太上皇，而皇太子颙琰正式转正为大清新一代的皇帝。

接下来，嘉庆皇帝将宝玺递与大学士，安放于御座右几上，自己又回到拜褥上，再次率百官向太上皇乾隆行九叩礼。

当礼部堂官奏告礼成时，鸣鞭之后，中和韶乐大起，奏"和平之章"。礼乐声中，太上皇乾隆启座，乘舆返回乾清宫接受宫内嫔妃、贵人们的庆贺，然后前往重华宫接受公主、皇子福晋，及未受爵的皇孙、皇曾孙、皇玄孙们的庆贺。

就在乾隆将皇帝之宝传授给嘉庆时，由乾隆太上皇事先钦定，镌刻在喜字第一号玉上"太上皇帝之宝"和被作为太上皇册宝的乾隆御制"十全老人之宝说"的玉册，已被恭放进了宁寿宫皇极殿的御案上。

太上皇帝之宝

授受禅位大典才结束，紧接着新皇嘉庆的登极大典又揭开大幕。

嘉庆皇帝回到保和殿暖阁脱下太子礼服，正式更换上皇帝朝服，稍作歇息。此时太和殿中，礼官们按照计划进行着布置。内阁学士很快将传位诏书、皇帝之宝安放在太和殿正中宝案上，礼部官员将登极贺表放在了太和殿东楹案上。太和殿丹墀上下王公及文武百官和各国使节再次列好了队。

十全老人之宝

钦天监官报吉时到，礼部堂官请嘉庆皇帝御中和殿。执事大臣们列队向嘉庆皇帝行九叩礼，然后快速退出，回到太和殿前列队迎候。

在又一次中和韶乐钟鼓声中，嘉庆皇帝回到太和殿，端坐在不

久前乾隆皇帝所坐的御座上。王公大臣、文武百官向新皇帝行跪拜礼。赞礼官宣读完"庆贺登极表"后，文武大臣及各国使节开始按班行叩拜礼。……在一片祥和的"和平之章"礼乐声中，传位诏书经由从大学士、礼部堂官之手，捧到了丹陛正中的黄案上。而后又由礼部各官员接力跪传，被请到丹墀下云盘中，由礼部专员跪受后从中道捧出。礼赞官宣奏礼成，"和平之章"再次奏起，嘉庆皇帝启坐，乘舆返回毓庆宫。此后，礼部、鸿胪寺官员用云盘将"传位诏书"捧出，登上天安门城楼，向天下宣告太上皇传位诏书——

> ……回忆践祚初元，曾默吁上苍，若纪年周甲，当传位嗣子，不敢仰希皇祖以次增载。今敬逢洪釐，增符初愿。……昨冬颁朔届期，特宣布诏旨，明定储位，以丙辰为嘉庆元年，豫敕所司敬议归政典礼。皇太子秉性谦冲，胪诚固让，率同内外王公大臣等，具章请朕至百岁始行期典。但天听维聪，朕志先定，再四申谕，勿得恳辞。皇太子仁孝端醇，克肩重器，宗佑有托，朕用嘉焉。已诹吉祗告天地、宗庙、社稷，皇太子于丙辰正月上日即皇帝位。朕亲御太和殿，躬授宝玺。……

授受和登极大典后，没有照例举办宏大的太和殿筵宴。上一年十二月，乾隆帝曾有谕："朕纪年周甲，于丙辰元旦举行授受大典，王公等及文武官员庆贺礼成，本应筵宴。但朕是日御太和殿授宝后，嗣皇帝御殿登极，若于是日复举行筵宴，仪节未免繁缛。"

就在新皇帝登极大典隆重举行时，新太上皇乾隆在重华宫"正谊明道"东暖阁更衣后，开始优哉游哉地在"金昭玉粹"同妃嫔们一同观戏，共进早膳。

重华宫原为乾西二所，乾隆帝做阿哥时住在这里，17岁时大婚礼也在这里举行。登极后，乾隆将这里升为重华宫。由于是乾隆的潜邸，因此感情颇深。一些重大的节庆筵宴，乾隆多喜欢安排在这里举行，拈诗作赋，设剧作乐，成为了一个宫内的娱乐场所。乾隆御笔"金昭玉粹"匾额，位于重华宫漱芳斋看戏殿堂的东侧。每年元旦，乾隆帝都要在这里与妃嫔们共进早膳，赏戏同乐。漱芳斋的戏台上可以由内、外两学继续演戏，仪典与戏剧演出同时进行。

乾隆帝一生中有过22个后妃，但随着时间的流逝，后嫔们相继谢故，日见凋零。这个元旦，只有5个年老妃嫔出席了筵宴。

刚刚修葺过的漱芳斋的戏台上，内外两学的学员演得十分卖力。这顿早膳，乾隆帝前面摆了22桌，各位妃嫔前面按份例摆了5桌。膳后，乾隆帝下旨将一桌饽饽恩赏给南府景山唱戏的学员。

宗室宴、家宴、写心经

午正时分（12点），乾清宫开始忙碌起来，元旦清宫盛大的晚宴将隆重举行。宫中太监们进进出出，有的在摆排着宴会桌椅，有的在上菜插牌，一片繁忙景象。

这是满洲皇家的宗亲宴。更为重要的是，这也是今年元旦太上皇与皇帝第一次共同出现在宴会上。为了这个宴会，内务府提前做好了准备，因为天冷，在过去定例的基础上略做调整，将一些冷菜换成了热菜；并曾在养心殿照样式用空盘演摆排练过，乾隆帝亲自过目并首肯。

《大清会典》规定："元旦宴亲藩之礼，岁于乾清宫举行。定制皇子、列宗室、诸王上。"

未初时分（下午1点稍过），太上皇乾隆与新皇帝嘉庆进入宴会场。太上皇乾隆坐在了正殿宝座中，新皇帝嘉庆则坐在御座地屏上宴桌东边专设的一个侍座上。宫内靠前左右安排着各位亲王、阿哥，分别为：东边头桌睿亲王与仪郡王，二桌十七阿哥与定亲王，三桌绵亿阿哥与绵志阿哥，四桌绵懿阿哥与绵偲阿哥，东五桌为奕纯阿哥与奕受阿哥；西边也是五桌，西头桌为怡亲王与成亲王，西二桌绵宁阿哥与和郡王，西三桌绵惠阿哥与绵懰阿哥，西四桌为绵总阿哥与绵庆阿哥，西五桌奕绍阿哥与载锡阿哥……

未初二刻（下午1点30分），乐起，诸位王子阿哥们依次鱼贯进殿，各安其座。头一道是汤膳。然后上奶茶，用茶毕，恰恰第一出承应戏也结束。第二道酒膳是在音乐声中开始的。皇上酒案一桌四十品菜，亲王、阿哥们每桌十五品菜。酒宴摆好，嘉庆皇帝出座，请酒一杯，跪着进与太上皇乾隆，乾隆回赏嘉庆一杯酒，嘉庆饮后

回到自己的座位。之后，定亲王绵恩站起，走到嘉庆皇帝面前跪拜进酒，嘉庆皇帝饮过敬酒，没有回赠赏看杯酒，他非常明白今天的主角是太上皇乾隆。总管太监杜国选将一杯酒递给太上皇乾隆，由太上皇乾隆对一众行看杯酒。众阿哥们纷纷喝完自己杯中酒。此时乐止，但外面的承应戏还未结束，果茶送了进来。饮完果茶，众亲王、阿哥站起，乾清宫总管太监杨进玉等奏报晚宴结束，恭请乾隆启座。总管杜国选拿着一个黄色折片奏过，然后传旨：皇帝的大宴一桌，赏给南府景山唱戏者；酒宴一桌，分别赏给睿亲王、怡亲王、和郡王、阿桂、和珅、王杰、董诰、福长安和台布等。

大约申正（4点）左右，喜庆而漫长的宗亲筵宴才告结束。

饭局还没有完。

酉初（晚5点），太上皇乾隆与妃嫔们一同进晚膳。这属于家宴性质。好在只有五个女眷，排场不用大了。养心殿的小太监常宁传酒膳一桌，菜七品，果八品；妃嫔等位进热火锅一品，饽饽一品。

"归政仍训政" 之宝

用膳后，乾隆帝照例下旨赏膳桌，其中包括内头学、内二学唱戏学员，他们累了一天了。

妃嫔们各回本宫去了，忙碌一天的乾隆帝稍事歇息，开始礼佛做功课，乾隆多年养成了习惯，每年元旦他都要亲自书写《心经》一遍。沐浴入寝前，老皇帝梳理了一下紧张繁忙的一天中发生的一切，种种情景历历在目，于是他写下了《丙辰元旦》诗。诗尾两句"虽云归政仍训政，两字心传业与兢"，与晨起时开笔诗中的"后兹岁月听而已，那复劳劳计几旬"相比较，多了许多的庄重与沉着。

此时，紫禁城的另一端的毓庆宫中，新登基的嘉庆皇帝也正在创作一首题为《丙辰元旦》的诗：

> 玉律先春丰茂宣，灵台重纪丙辰年。
>
> 乾隆建极亿龄启，嘉庆承恩万福延。
>
> 紫禁葱茏凝瑞雾，金炉纷郁结祥烟。
>
> 渺躬寅荷苍生祉，钦若皇衷格上天。

诗句中充满了无尽的诚惶诚恐。

嘉庆元年元旦，新老两代皇帝的奇特一天就这样结束了。长夜漫漫，灯映霜星。紫禁城外，隐隐传来民间的爆竹声，引带着新老两代皇帝半睡半醒的梦思，在寒冷的夜空中飘荡。

"犯照"、文牍与"照会门"

外交照会的翻译是个政治性很强的工作。鸦片战争前后，曾出现过由于当时中外译员水平不高，造成了因照会翻译不准确，致使中外误解，酿成外交冲突的情形。著名者，如鸦片战争期间的"照会门"事件。甚至有人说，如果没有发生这次"照会门"事件，中国近代史也许会重写。

在上世纪 70 年代那段"阳光灿烂的日子"里，中国大地上曾涌现出过许多新鲜事物。比如"顽主"。

"顽主"们不光行为炫酷，而且还创造了许多酷语。

比如双方"茬架"，必定要先扎膀横眼"吐个门户"，双方像斗鸡一样，互相对视一阵。先礼后兵，随后才开始发起进攻。

这一进攻前的礼仪，在"顽主"的酷词典里，叫"犯照"。

我曾经百思不解这个词的含义，也问过许多语词方面的专家，但说法莫衷一是。

一个很有意思的朋友，一次对我这样解释：这就等于两国交战，先下照会（战书），然后才动兵戈。

我敢打赌，这一定不能算作标准答案。但我个人认为：这是我

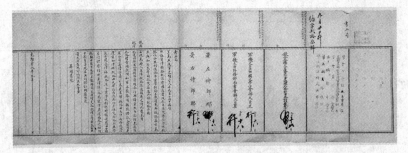

清政府外务部拟复英国公使的照会

遇到所有解释中最具魅力的，它使人浮想翩翩。

纵观天下大事，大到两国交兵，小到小孩打架，都可用"犯照"来通释。

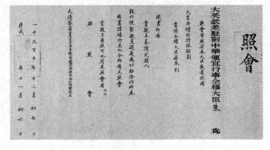

英国公使朱尔典的照会

著名戏曲理论家齐如山先生的《灯前谈往》中有一篇文章专门谈到照会，妙不可言。全文如下：

中国公文程式，向分等级，如函达，平行者；令，上致下者；呈，下致上者。又尚有札饬、申请等等名词。"照会"二字，亦上级致下级之程式，清朝与外国交涉，公文不愿用函字，以其太平行也，用谕字、命字、令字等等，又恐不妥，斟酌再四，始用了"照会"二字。以为尊卑相称，颇为得体。不意你照会去了，外国乃按原样又照会回来。

当时大臣颇以此为辱，然亦无法，只好听之，此二字就用了这些年，遂成定式了。

按国际地位的高低，决不在此，而从前我国人最爱争此虚面子；近来国人的思想，是否仍有人有此毛病例？

齐如山先生所提的"照会"，应是1840年以后与西方各国打交道时发生的情况。然而，照会作为一种公务文书，出现得要更早。

"照会"一词，最早出现在宋代。《宋史·河渠志》载："元祐八年（1093年），张商英言：访闻先朝水官孙民先元祐六年贾种民各有河识，乞取索照会。"这是"照会"二字的初见，有会同照阅的意思，还不是文书的名称。

照会作为文书名称，始于明代，用于上级给下级的下行公文。清代沿用明代制度，但使用范围略有变动，通常用于上级机关下发非直属的下级机关。比如地方军事官员提督发文下级文职官员司道

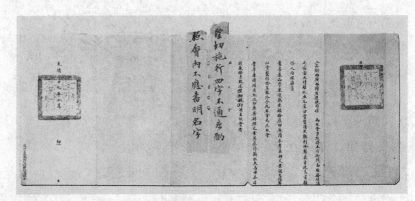

清代官衙间的"照会"

等职，就要用墨笔"照会"。后来到了清末，制度也不严格了，有些平行官衙间也用照会。

从现存的清宫档案来看，照会被作为正式外交文书，最迟在乾隆年间就已出现并定型了。当时主要用于对清朝的藩属国。

档案记载：乾隆五十三年（1788年），安南（就是后来的越南）内乱，黎、阮两姓争夺王位，阮氏得势，并争取到了清政府的承认，乾隆帝册封阮光平为安南国王。乾隆五十四年（1789年），云贵总督福康安曾发给安南新国王一份照会。照会中提到：

> 国王（阮光平）以西山布衣宠膺，永列藩封，光荣已极。不胜代为欣幸。前因国王未受封号，是以俱用檄文，以尔汝相称。今国王已经受封，是本爵阁部堂与国王同为天朝臣子，与藩王一体，嗣后改用照会，不复为尔汝之称。

安南国，是清朝的常在藩属国中"朝贡七国"之一。福康安对安南国王使用照会，是大清朝廷的公文规矩。实际上，此时的"照会"还是多少有降尊下行的意思。

鸦片战争以前，清政府对于通商各国，以"天朝自居"，致外国的文书，多用敕谕或旨，外国使臣对清朝皇帝上书，要用奏折。那时，清朝与外国的往来文书，并不具有明显的外交文书的特点。

中英《南京条约》签订后，清朝外交文书制度发生了重大变化。

《南京条约》第十一款议定："英国驻中国之总管大员，与中国大臣无论京内京外者，有文书往来用'照会'字样；英国属员用'申陈'字样；大臣批覆用'札行'字样。两国属员往来，必当平行照会；若两国商贾上达官宪，不在议内，仍用'禀明'字样。"此后，照会日渐成为外交文书的主要形式。

中英《天津条约》第五十款第一条规定："嗣后英国文书俱用英字书写，暂时仍以汉文配送，俟中国选派学生学习英文、英语熟习，即不用配送汉文。自今以后，遇有文词辩论之处，总以英文作为正义。此次定约，汉、英文书详细较对无讹，亦照此例。"在此以前，清朝与外国的照会主要以汉文为主，至此，汉文沦落为外文的副本。

外交照会的翻译是个政治性很强的工作。鸦片战争前后，曾出现过由于当时中外译员水平不高，照会翻译不准确，致使中外误解，酿成外交冲突的情形。著名者，如鸦片战争期间"照会门"事件。

道光二十年（1840年）七月，英国侵略军全权代表乔治·懿律（George Elliot）率领英船北上到达天津白河。十八日，道光皇帝批准千总白含章登上英舰接收了英国外交大臣的一份照会。这份

白河港口

照会的中文文本，是懿律的随身翻译马儒翰翻译的。这个老外当时在所有西洋人中中文算是最好的，但翻译还是很糟糕。

比如照会名称他翻译成了《巴尊麦子爵致大清皇帝钦命宰相书》，要知道，清朝是没有设宰相一职的。更严重的是，该照会内容翻译上出现了严重的错误。

照会原文中第一段，说明英船此来的目的是为了向中国皇帝"要求赔偿与匡正"，而马儒翰却翻译成了"要求向皇帝讨雪伸冤"。

鸦片战争交战情景

道光帝读到此照会，认为英军此来，是因为在广州受了林则徐的气，是为了伸冤，就指示派人到广州，当着英国人的面惩罚一下叫英人受气的人就行了。而谈判中，英国人却声明不是为了报复林则徐而来的。中方抓住汉文照会上头一条就白字黑字写着"讨雪伸冤"，认为这样办大方向是不错的。

英国人回到广州后，发觉清政府与原先在大沽答应的条件不一样。中方只答应处罚中方犯事人员，而不提赔偿。懿律则认为中方出尔反尔，没有按照照会上所提的进行赔偿，是不讲道理的。清政府派出的谈判代表琦善则认为英国人以"讨雪伸冤"为名，而提出赔偿，是贪得无厌。双方相持不下，而且英方咄咄逼人。中方不耐烦起来，认为英人气焰嚣张，"若不乘机痛剿，何以示国威而除后患"？于是道光帝的态度也来了个一百八十度大转变，对英的政策也从"抚"转变为"剿"。

这其中的奥秘，直到上个世纪中叶，学者们比较中英照会原档才揭示出来。原来是马儒翰翻译出了错。将英文照会中"satisfaction and redress"（"补偿"、"赔偿"），在汉文照会中翻译成了"昭雪"、"伸冤"。导致了英国人据英文照会，中国人按中文照会，双方各执一词。

甚至有人说，如果没有发生这次"照会门"事件，中国近代史也许会重写。

"犯照"，看来绝对是个很严重的事情。

大清国游历护照背后的种种烦恼

一提"护照"两字，清政府就一脑门子官司。对他们来说，这事一开始就不顺，麻烦不断。当然，对于那些真正的外国游者来说，也大有苦水可倒。

近代老外在中国旅游，始于一百五十多年前。

咸丰八年（1858年）签订的《天津条约》，规定外国人"准听持照前往内地各处游历通商"。

"执照游历"，就是凭护照旅游。这在当时，实际上是个很麻烦的事。

那时，一提"护照"两字，清政府就一脑门子官司。对他们来说，这事一开始就不顺。

《天津条约》签订时，清政府的外交还很幼稚。当时外国人在华

清末行进在乡间的外国传教士

主要活动为"传教"、"通商"与"游历"。大清的外交家们被老外骗了，将"传教"单立一项，"游历"与"通商"却被写在了一起。后来国门一开，清政府很快发现，很多老外不是来旅游的，而是做生意。拿着旅游护照做生意，影响税收国策，清政府自然不允许，于是重新交涉，发函给英、法公使，请求将"游历"与"通商"分开申请护照。

那时，英、法刚战胜大清国，气焰正嚣张，并不以为然，强硬回复说条约中已写定："即于通商、游历二者分施享与否自应任听其便，本国并无令其分晰指定之例，实可无庸将执照式样更改。"

正在双方高层交涉未遂之时，下面出了乱子。同治元年（1862年），在五口通商的牛庄，中国官员签证时，发现英国人的护照依然没有区别"游历"与"通商"，便拒绝盖章签发。英国驻牛庄领事态度强硬，甚至威胁中方地方官府，如不给护照盖章，他们就将拿着无印的护照在中国旅游，看谁敢拦？不久，这个领事果然执着没有中方官府盖章的护照，去沈阳、凤凰城一带旅游，不想半路遇到了武装抢劫。英国领事不依不饶，坚持认为这是中方军队扮匪行劫、故意刁难，竟自己组织武装护送……双方你来我往，矛盾不断升级。一年后，交涉才有结果，负责大清外事的总理各国事务衙门没办法，只好同意不修改条约，但协商规定：今后执游历护照进行商务活动的外国人，必须亲自到中国海关报税。

游历护照颁行十几年后，大清皇帝都换了两茬，清政府才发现，大清国竟然还没有统一护照格式。外国领事馆也发，中央的总理衙门也发，地方各级政府也发，形式各异，五花八门。正规点的还用印刷品，有的地方衙门干脆就随便涂画，不成体统。

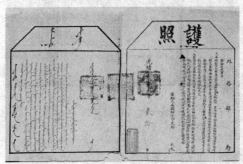

光绪三十一年（1905年）外务部颁发给英国人巴克斯从京师前往西北游历的护照（满汉合璧）

烦恼是无处不在的。

清政府这才开始探讨护照统一格式的问题。

另一种清末游历护照

还有一个叫人更头疼的事，焦点集中在护照上名字的填写上。大清护照当然是以中文为主，因此外国人的名字也要填写中文译名。虽然也有在中文名字旁注写西文的，但当时各地验关的官员没有几个识洋文的，因此还是以识别中文名字为标准。问题是，许多外国人的中文译名翻译不统一，这就带来了麻烦。光绪二十七年（1901年）十月，两个法国教士从俄国进入新疆，所执护照上名字分别为雷钟和、王德美，但此前法国公使通知中国海关的文件上，两个人名字译为雷济华、王林度。名字不同，新疆方面拒其入关。后经往返查证，最终确认身份放行时，已是三个月以后了。

朝廷头疼，地方官也烦恼。那时毕竟来华的外国人少，而朝廷又怕洋人，所以到了地方，更是将其当做头等重要的政治任务来抓。沿途各地方官员，要求随时检验并派差保护，在接待及保护方面投入很大，生怕万一洋人出点事，搞出交涉事件来，可能被罢官。当然，地方官通常会将这些负担转移到百姓头上，摊派供应车辆等劳役，百姓往往不堪其扰。更有一些洋人见风使舵，趁机向地方勒索，欺压百姓。光绪三十二年（1906年）九月，法国游历者和爽到新疆旅游，自称是回教主派来查教的，作威作福，到处索贿，还奸宿当地幼女。地方官民敢怒不敢言，因为和爽带了好几个清兵做保镖。

当然，对于那些真正的外国游历者来说，也大有苦水可倒。

清政府显然并不欢迎这些外国旅游者，因此在各方面设置障碍。比如在旅游区域方面就卡得很死。《天津条约》规定：即使在华工作

烦恼也是相互的。

宣统元年（1909年），洋人出城打猎，也要申请护照

生活的洋人，出口岸百里以外，都得申请护照。有时法国驻华公使出北京城赴晚宴，都得向外务部申请护照。而外国人在华游历，护照上必须写明起止地点，"除仍前注明省分外，另将欲往何处府县地方详细开列"，包括填写所经过的地方详名。旅游地域一般不准超过四个省。光绪三十三年（1907年），两广总督发现英国人报送的护照上，有写"十八省"（清朝全部行政省区）的，便断然拒绝。

由于战争及语言文化背景不同等原因，当时中国人对西方人普遍存有戒心，甚至敌意。美国摄影师詹姆斯·利卡顿光绪二十六年（1900年）来华，在游记中说到他们经常遇到的情形："要是我们进入其中一家店，大门很快就会被男人们和男孩子们（不会有女性，因为在街上很少能看到她们）堵得水泄不通，他们会拦住并怒视我们，就好像拦住一群从蛮荒之地来的野人，一定要好奇地瞅瞅。店主不会纠缠我们买东西，也不会驱赶堵在门口的人群。他只会瞪着我们，吸着他的烟袋，像雕塑一样坐在那里打量着我们，并且会说：'不欢迎洋鬼子'。"

外国人在中国内地游历，除了会受到民间的误解、冷落与刁难，清政府也会人为设立种种限制与繁琐手续，以增加外国游历者的负担。外国旅游者在华，所经过地方州县都要向地方官报告，同时沿途查检护照，层层过卡，不胜其烦。所到之处要有地方官差随同，名为保护，实为监视。如果你想自助游，很可能遇到麻烦。同治十三年（1874年）冬，两个英国人从烟台前往开封游历，声明不想麻烦官府。到了开封城外，才发现当地官员已暗中传令所属，不准放二人进城，也不准渡口渡送，附近的旅店也不准留宿洋人。

欧洲人在华游历护照，一般是由执照人保存，以便随时验证，但刚开始时，中方规定，外国人入关入门时要收缴护照。同治三年（1864年）二月，英国人威德勒等三人执游历护照入北京，在广渠门护照被守门官员收缴，并送到总理衙门查验。总理衙门立即意识到："索取原照呈缴三衙门后，该洋人落于客店及城中他处游行，手无执照，无凭稽查，必致又费周章。"从此规定以后外国人护照由该人随身保管，中方官衙不再收缴。

然而，即使有如此许多的麻烦与不便，还是挡不住大批的外国人涌入中国探险游历。

清末江苏镇江关的一份档案显示：光绪二十六年（1900年）一年中，该关签发过的外国人游历护照就达 208 张。

从当时档案记载来看，在中国内地旅游的人主要为在华工作的外国人及直接从外国申请入境旅游的外国人。从这些旅游者的背景来看，有官员、教士、学者、学生、商人等，教士一直是主要群体。从光绪三十一年（1905年）四川省报上的夏季各国洋人来川游历清册统计来看：11 队人中，5 队有教士。欧洲在华游历的人中，英、法人最多，尤其是法国，各省每年报册甚至还要专门单做一册"法国人传教游历名册"。

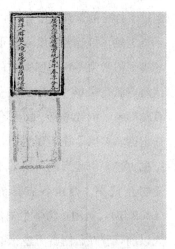

宣统二年（1910年）广西左江道造报洋人游历入境出境日期简明清册

欧洲人在华旅行的地点，早期主要集中在北方，这是因为，当时南方太平天国起义持续了十多年，同治三年清军攻陷天京（即南京）后，秩序尚未恢复。中英《天津条约》中特意提到："惟于江宁等处，有贼处所，俟城池克复后，再行给照。"因此，北京、天津、东三省在开禁初期是欧洲人在华旅游的首选。从同治二年（1863年）年终牛庄所报上来的数字看，共印发 20 张游历护照，全部是去东三

省及天津的。太平天国运动平息后，东南沿海各省才逐渐成了旅游热点。当然西南、西北，更是那些冒险家的乐园。唯独西藏是禁区。光绪三十三年（1907年），英国人帕沃洛克曾持甘肃、西宁的护照，想硬行闯入西藏，被当地官员发现，武装劝回。

欧洲人在华游历的内容主要为观光。以北京为例，除了猎赏民间风俗，在清末，甚至一些皇家园林也开始对外国人开放。光绪末年，颐和园每月三个逢五日对外国人开放，东西陵也有限制地对外国人打开了大门。甚至连皇帝的宫殿——紫禁城，外国人也可以申请参观，当然是在皇帝不在宫中的时候。如光绪三十三年五月二十三日，法国公使向外务部提出申请，当时光绪帝、慈禧太后正在颐和园避暑，外务部奏报皇帝并获准，于是法国绅士罗德堂而皇之地走进了神秘的紫禁城参观。

当然，打着考察旗号的也大有人在。考古探险似乎是个很风行的事，但必须得到中国官方的认可与批准，如法国博士沙畹，受法国政府派遣来华"考求古迹"，"凡过各处，地方官均皆优加接待，百端助考，以致考究一切无不易于措手"。而另一个前英国教育大臣斯坦因，多次前往新疆游历，挖考古迹。光绪三十三年在甘肃敦煌挖掘古迹，引起当地居民的不安，于是中国官方照会英国公使，出面制止挖掘。西南各省是外国植物学家们的偏爱，如宣统元年（1909年），英国植物学生福尔斯，申请来华赴云南考察，实际上该人以前就曾在云南游历过三年。

"金榜"：曾国藩的心病

  曾国藩做两江总督时，一次宴请宾客，席间不免整些侑酒做对的雅事。曾国藩知道自己的幕僚李元度最近娶了个年轻的小老婆，就想借此调侃一下李元度，于是，出了一个上联："如夫人"。李元度应对了下联："同进士"。整个宴会现场突然沉寂下来。大人很生气，后果很严重。为什么连大清天下都无所谓的曾大人，听到"同进士"一词，竟如芒在背，脸色遽变呢？原来，大人的心事出在"金榜"上。

  纵论清末人物，曾国藩自应稳进 Top Ten。这是不争的公论。

  这个人很了不起，是同治"中兴将相"的带头大哥。既有思想，也讲实践。据说生前曾著有十部关于修身、齐家、治国、平天下的秘本，后来只刊世了两部。仅这两部，也足以教育天下、垂范后世。直到 E 时代的今天，人们还在如饥似渴地研读他的《挺经》，并付诸实践。当年湘军镇压太平天国，打下南京后，曾国藩差不多已拿下了半个中国，兵强马壮。许多部下，包括他的亲弟弟——老九曾国荃，都劝他索性挥兵夺了满清的天下。但曾国藩并没有动

曾国藩像

心，反而主动解甲归田，解散湘兵子弟。足见他的胸怀与修养，有人甚至称他为圣人。

当然，每个人都会有生命中不能承受之轻，"圣人"曾国藩也不例外。

《清稗类钞》中记载过这么一件事：曾国藩做两江总督时，一次在江边宴请宾客，席间不免整些侑酒做对的雅事。曾国藩知道自己的幕僚李元度最近娶了个年轻的小老婆，而且非常喜欢，甚至经常给这个小老婆洗脚。曾国藩想借此调侃一下李元度，为宴会制造一些欢乐的气氛，于是出了一个上联："如夫人"。"如夫人"就是小老婆的雅称。曾国藩话音刚落，在座的宾客一片笑声，齐刷刷地望着李元度。李元度脸上也露出了尴尬而且生硬的笑容，他当然知道曾国藩是针对他出的上联。这时，曾国藩说："诸位，有谁能对出下联啊?"宾客中有人大声说："次青（李元度的字），你是大才子，只有你才能对出来啊。"李元度谦让了几次，起哄的人越来越多，曾国藩也越发高兴，笑声中带着几分嘲讽。李元度终于忍不住了，说道："大人，我能对出下联，我对的下联是'同进士'。"一听到这三个字，曾国藩脸上的笑容马上凝固了，怒气满脸，甩手就离开了宴席。整个宴会现场突然沉寂下来——大人很生气，后果很严重。

李元度是曾国藩的湖南老乡，又是曾国藩的门生，从咸丰三年（1854 年）起便充任曾国藩的幕僚。咸丰四年，曾国藩被太平军大败于九江、湖口，羞愤之下投水自尽，幸亏李元度等人将他救起。因此李元度对曾国藩有过救命之恩。而且在曾国藩处境最为艰难窘迫之时，连郭嵩焘、刘蓉等原来的亲信都避而不见，惟有李元度不离曾的左右，二人患难与共长达六七年之久。曾国藩狼狈地从江西回原籍丁父忧期间，在给李元度的书信中万分感激地写道："足下当靖港败后，宛转护持，入则欢愉相对，出则雪涕鸣愤，一不忘也；九江败后特立一军，初志专在护卫水师，保护根本，二不忘也；樟镇败后，鄙人部下别无陆军，赖台端支持东路，隐然巨镇，力撑绝续之交，以待楚援之至，三不忘也。"故此，当年李元度被视为曾国藩的铁杆心腹，后在曾国藩的极力保举下，曾出任徽宁池太广道，又成为曾国藩的亲信将领。

此时也是曾国藩一生中处境最糟糕之时。

徽宁池太广道即皖南徽州、宁国、池州、太平、广德五府道台。

不想，自从这次江边作对事件发生后，曾国藩对李的态度急转直下。后来曾国藩以徽州失守，归罪于李元度。李鸿章等人认为曾是公报私仇，带头反对，并因此与曾撕破脸皮，忿而离去。而曾国藩还是不顾众议，坚持向朝廷参劾，将李元度革职。李元度罢官回湖南后，不久又募集八千湘勇，名为"安越军"。浙江巡抚王有龄一向看重李元度，并希望以能征惯战而著称的湘军屏卫浙江，于是上疏请求清廷撤销对李元度的处分，并升任其为浙江布政使。曾国藩见李元度改投王有龄门下，更为恼羞成怒，旧仇新恨，齐涌心头，遂以"冒禀邀功"再次参劾，甚至以不实之词加之于李元度。不久，杭州被太平军攻破，御史刘庆也上疏参劾李元度，终使李元度被下部议罪，发往军台效力，即被判充军。由于沈葆桢、李鸿章、彭玉麟、鲍超等交章荐其才，代李元度缴纳台费，才得免罪归。直到数年后，贵州、湖南发生苗民大规模反抗运动，李才再次被起用，先后出任云南按察使、贵州布政使。同治七年（1868 年），上书乞终养，获准后返回故里，"家辟小园，拥书十万卷，种花自乐"。

　　后人评价，如果李元度当年江边没有"同进士"之对，也不会得罪曾国藩，以他的才学，其前程决不止于此。另一方面，大家也私下认为曾国藩作为一个"道德"之人，在对待老部下李元度问题上，是有"亏"于德的。

　　为什么连大清天下都无所谓的曾大人，听到"同进士"一词，竟如芒在背，脸色遽变呢？

　　"同进士"，又叫"同进士出身"，是中国古代科举方面的一个行业术语。

　　清代每三年一次的殿试结束后，都要以皇帝的名义颁布殿

顺治元年开科取士恩诏

试考生排名榜，这就是人们常说的金榜。金榜上进士的排名分三个档次，专业地说法叫"三甲"。一甲三名为进士及第；二甲者为赐进士出身；三甲者赐同进士出身。

道光十八年（1838年），曾国藩第三次参加会试及第，而后兴致勃勃地参加了殿试，也许是他的楷书不好，金榜上的他名列三甲第42名，在所有及第的194名中考生排在第127名，非常靠后，只得了个赐同进士出身。按例，三甲进士大多不能留京做官，要放外任。与其他看到自己的名字登上金榜而欢呼雀跃的考生不同，曾国藩观榜后心情沉重，脸色阴沉。他急匆匆地回到寓所就开始收拾行李，准备回湖南双峰的荷叶乡老家，等待候补一个知县之类的官职，甚至不准备参加接下来进行的朝考了。因为按照一般的惯例，列三甲的同进士是无法考入翰林院的。这时，他得到了同乡，湖南长沙人、御史劳崇光的挽留和鼓励，终于改变了想法，决心留京，一定通过参加朝考，扭转命运。当然，他也托了一些后门，结果朝考下来，他以第一等第二名的成绩考入翰林院，成为翰林院庶吉士。此后，曾国藩的京官生涯，从翰林院检讨，不到十年工夫，"七次升迁，连跃十级"，官至二品，职到部堂，证明了他当年隐忍留京决定的英明。

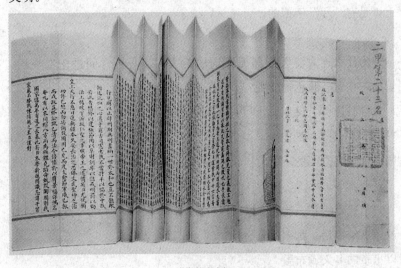

清代殿试试卷

尽管如此，像曾大人这种雄心万丈的人，会试名列第38名，原来是拿定主意要在殿试放手一搏，取个"状元郎"的，没想竟会落到为三甲，只得到一个赐同进士出身。还好，他的心态总算理智。清人《道咸以来朝野杂记》中提到，光绪朝广东人梁于渭，殿试后，自认为凭自己的才学一定能拿状元，不等成绩下来，就迫不及待地在自己门上榜书"候补状元及第"，待金榜下后，只跻身三甲，被授为礼部主事。梁大为失意，不屑做这等小官，于是请假回乡，每次夜里出来，车上都挂着"候补状元"字样的灯笼。

　　曾大人没有像梁先生那样沉沦，但殿试三甲的阴影总挥之不去，"同进士出身"始终是他心中的忌讳。

　　原来，大人的心事出在"金榜"上。

　　什么是金榜？

　　金榜就是科举考试最高级别——殿试的成绩排名榜，也是皇帝正式颁发诏令文书之一。

　　清代科举，通常要经过县府级的童试（考秀才）、省级乡试（考举人）、京城的会试（贡士）、皇宫内的殿试（进士），逐级淘汰。

　　清代殿试通常在保和殿举行，由皇帝亲自出策论试题，并钦阅前十名的试卷，决定状元、榜眼、探花们的排列名次。

　　殿试后，要在太和殿举行揭晓仪式，皇帝亲自参加，叫"传胪"。"传胪"仪式上，颁布殿试三甲进士排名榜以昭示天下。这个排名榜通常为黄纸质地，因此叫"黄榜"，这是官方的正式名称，《明会典》、《清会典》中都如此记录。"金榜"则是来自民间浪漫的修辞。晚唐诗人郑谷《赠杨夔》诗中云："看取年年金榜上，几人才气似杨雄。"另外，还有人叫它"皇榜"，突出其皇家气味，民间稗说野史及戏剧中见得更多。

　　明清时期，金榜分大小两种。人们通常说的金榜是指大金榜。清朝制度，每届文武科殿试传胪仪式后，要揭榜晓示天下。通常，文科大金榜张挂于东长安门外，武科大金榜挂于西长安门外。张榜

清代大金榜

公示天下三天以后，收回内阁保存。另外，还有一种小金榜，是专门送皇帝御览的。《明会典》中记载：每届填榜时，四个内阁中书填大黄榜，四个内阁中书填小黄榜。清代也如此。

清代的金榜，在形制规模上要比前代金榜大得多。清代大金榜一般长15至20米，宽80至90厘米。黄纸双层，墨书，押皇帝之宝，满汉合璧。满文从左向右写，汉文从右向左写。两种文字落款处汇合于榜正中，中间分别大字书写满汉两种文字的"榜"字。为便于张挂，大金榜上部每一米左右都做有一个纸绳圈。

小金榜内容与大金榜相同，但不押皇帝宝，中间也不写大大的"榜"字，高25厘米，长约1到3米。通常为折子的形式，便于皇帝阅览。

中国科举制度起于隋唐，盛于明清，存在了1300多年。"洞房花烛夜，金榜题名时。"金榜题名，是古代所有读书人的追求与梦想。据说，当年唐太宗李世民看见许多新进士排着长队进出考场，得意地说："天下英雄尽入吾彀中。"

曾国藩这样雄心万丈的人物，也会斤斤计较金榜上的排名，可见这个圈套的厉害。

光绪三十一年（1905年），下谕废除科举考试，从此金榜成为了往事。100年后，公元2005年，中国第一历史档案馆所藏的清代"金榜"，被联合国教科文组织批准，列入了《世界记忆遗产名录》。一时间"金榜"又成为热门话题。

请安折：清朝大臣给皇帝的贺卡

    请安折作为高级官员的特权，像一把双刃利剑一样常悬于大臣们的头上。稍有不慎，便会带来杀身之祸。哪怕是细微处都要想到。比如进折时机，一定要计算好奏折进宫的时间，如果遇到煞日，就要倒霉。元旦贺折必须在腊月二十三日前到京，否则不收。当时驻外大臣，都先写好了请安折，早早地就寄到内地，由内地大臣相机帮忙进呈。

    古代，过新年，有点身份的人，都会以拜帖的形式相互问候。在清代，这种习惯尤其流行，甚至不用当面呈送，初一时，叫家人执着拜帖满街跑，到一宅子前，就高叫某某拜帖到，帖子呈上，走人，再送下一家。

    拜帖是个很郑重的事情，马虎不得，从形式到内容都要慎重。特别是下级致上级的拜帖，格外严格。

    拜帖的最高形式，应属官员进献皇帝的，叫"奏帖"，正式地讲，叫请安折。

    请安原是一种见面问候礼节，始于辽、金，清朝尤重此礼，并衍变成为官方的礼仪。《辽志》云："凡男女拜皆同。其一足跪，一足著地，以手动为节，数止于三四。"实际上就是后来的请安礼。

请安折与奏匣

请安礼具体行礼情节，现在一些清宫题材的影视剧中尚可见到。

请安折，是奏折的一种。

清代讲究以文牍治国。皇帝掌控偌大国家，主要通过与各级官员之间的文书往来，了解国情，传达谕令，指授方略。因此，在清代存在着一种严格而又复杂的官文书制度。

清朝公务文书中荦荦大者，当属题本与奏折，而后者后来竟替代了前者，尤为奇迹。

在清代，奏折是最具效率的公务文书。地方官员给皇帝上奏，不用通过通政使司递转与内阁的拟办，可直接进呈到皇帝手中；皇帝根据情况，在奏折上直接用朱笔批示，朱批过的奏折再返回到官员手中，官员根据朱批内容，遵旨办事。

这种文书，最早起源于康熙年间亲信臣工的请安小密折。满族官员有经常向皇帝请安的习惯，具折请安时，顺便报告一下其他事情，久而久之成了习惯。

现在所见到最早的康熙朝密折，是康熙三十二年（1693 年）李煦的奏折。李煦是内务府包衣出身，出任苏州织造，由于离得远，无法当面请安，于是就上请安折，见折如面。除请安外，李煦顺便奏报江苏旱灾已经结束，民情安贴，物价有望稳定的情况。在折尾，他惴惴不安地提到："臣无地方之责，不应渎奏，仰见皇上爱民如子，视民如伤之至意，敢就所知，谨奏以闻。"康熙帝并没有指责他越权渎奏，反而如获至宝，他发现了这种小密折请安以外的延伸功能，于是在该折上朱批了一段鼓励文字："朕已大安。五月间闻得淮

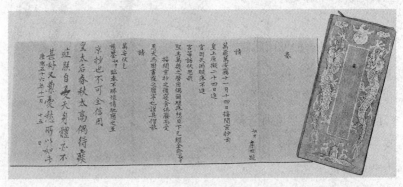

康熙时期李煦的密奏

徐以南时旸舛候，夏泽愆期，人心慌慌，两浙尤甚。朕夙夜焦思，寝食不安，但有南来者，必问详细。闻尔所奏，少解宵旰之劳。秋收之后，还写奏帖奏来。凡有奏帖，万不可与人知道！"此后，康熙帝对这个便捷的方式，开始更多地投入关注，并不断加以鼓励。康熙四十三年（1704年）七月二十九日，康熙帝在曹寅的密折上朱批："明春朕欲南方走走，未定。倘有疑难之事，可以密折请旨，凡奏折不可令人写，但有风声，关系匪浅。小心，小心，小心！"渐渐地，这种密折变得频繁起来，而且走向制度化。密折的内容已不仅限于地方的雨雪粮价，而涉及到地方吏治民风等更广阔的领域。康熙皇帝比较精明，他明确地规定了密奏的内容包括：雨雪粮价、吏治、盗贼、社会流言。

早期上奏折的人，主要是李煦、曹寅等内务府派出的包衣亲信，这些人是宫中派出的密探。到了康熙中晚期，密奏人员范围扩大，如领侍卫内大臣、大学士、都统、尚书等都可"一体于请安折内，将应奏之事，各罄所见，开列陈奏"，尤其是一些退了休或者回到地方家中养病、服丧的官员。到雍正时期，大约中央、地方有一定等级的官员都可上奏了。奏折数量上去了，内容也丰富起来。请安折便从奏折中独立了出来。

清制：每逢年、节，及皇帝、皇后诞辰或宫中重大喜事，官员照例要上请安折，道吉祥。

写折即如拜人。在清代，官员写折、发折，都要举行隆重的"拜折"仪式，尤其地方督抚，发折前必先拜折。届时饬发三梆，官员步出大堂，属吏列队站班，步兵排队。辕门外三声炮响，鼓楼钟乐大作，在衙堂一角供设香案，官员将奏折匣供在香案中央，对着奏折匣行三跪九叩礼。礼毕，将奏折匣请下，交给差弁，差弁高高地捧举在头上，疾趋而出，然后关中门。辕外又响起三声礼炮，欢送奏折出衙。

请安折由于特殊，因此在制作及书写等方面都有严格要求。

万寿节即皇帝生
日。

满人称"奴才"，
汉人则称"臣"。

比如一般的奏折就用白纸折，尤其是乾隆以后，为节约计，几次下谕严命禁止普通奏折用黄绫、黄纸。而请安折的装潢则不同。寻常请安折，开面与底面都要用云龙黄绫裱褙，折身则用黄粉笺纸。而折封套外用云龙黄绫，内衬黄粉笺纸，装裱而成。

如果遇元旦或万寿，请安折及其封套还会选用"鹤顶条魁"等图案的黄绫，而折身及内衬则选用红纸，以示高规格。当然，如果遇国丧，二十七日内，请安折也得用白纸而不能用黄绫。

一般的奏折规定每扣（折面）六行字，而请安折则五行字。字体用讲究的"匀"、"正"、"光"、"方"、"秀"五字诀的馆阁体。

请安折的内容很简单：如"福州将军兼署闽浙总督奴才英跪请皇上圣躬万安"就行了。

在请安折上所报之事，也有忌讳，不能与吉祥相犯，尤其是重大年节时期。康熙四十八年（1709 年）七月初六日，李煦在请安折上报告了江南提督张云翼病故的消息。康熙帝在朱批中将李煦骂个狗血淋头："请安折子不该与此事一处混写，甚属不敬。尔之识几个臭字，不知那里去了！"

至少，在清代早期，请安折是很被重视的。康熙时期，规定请安折必须由官员本人亲笔，而皇帝也批得十分认真。康熙五十四年（1715 年）曾发布诰令重申所有朱批都出自他的亲笔：

> 各处奏折所批朱笔谕旨，皆出朕手，无代笔之人。此番出巡，朕以右手病不能写字，用左手执笔批旨，断不假手于人。故凡所奏事件，惟朕及原奏人知之，若有漏泄，亦系原奏者不密。朕听政年久，未尝累以语人也。

在传送渠道上，密折都是由织造的亲信家人负责送递，而不像其他正式公文，要由隶属于兵部的比较完善的驿站系统。这样，奏折就不必经过通政司、内阁等相关机构的传递与检查了。密折通过家人直接从织造大人手里传到宫中，由内奏事处接收，并由皇帝开封。而后，皇帝批过朱谕的密折，直接由内奏事官员交到家人手中带回织造。那些奏事处的人，自然都是皇帝的贴身亲信。康熙四十五年（1706年）九月十日的密奏中，曾提到过一个传旨人，称"奏事傻子"。此人就是在康熙朝内阁档案中不断被提到的奏事官、大名鼎鼎的"傻子"双全，他是康熙帝最信赖的奏事官之一，官位六品。另外，曹寅与李煦奏折中还提到过另外两个传递谕旨的太监——魏珠、梁九功。这两人从孩提时代就服侍康熙帝，并因此得到特别的恩典，都是康熙身边的红人。由于家人递送，密折通常会被封固然后装在匣、袋之中。无论如何，旁人没有机会读到这些密奏的内容。

笔者曾见到过一份雍正二年，雍正皇帝批曹頫请安折，史料价值很高——十几个字的请安折上，雍正皇帝竟批了二百多个字：

> 朕安。你是奉上旨交与怡亲王传奏你的事的，诸事听王子教导而已。你若自己不为非，诸事王子照看得你来；你若作不法，凭谁不能与你作福。不要乱跑门路，瞎费心思力量买祸受。除怡亲王之外，竟可不用再求一人，托（拖）累自己。为什么不拣省事有益的做，做费事有害的事？因你们向来混帐贯（惯）了，恐人指称朕意撞你，若不懂不解，错会朕意，故特谕你。若有人恐吓诈你，不妨你就求同怡亲王，况王子甚疼怜你，所以朕将你交与王子。主意要拿定，少乱一点。坏朕声名，朕就要重重处分，王子也救你不下了。特谕。

这件写在请安折上的雍正帝亲笔朱谕，成为今天红学者研究曹家兴衰的重要史料。小小的请安折成为皇帝密谕的载体，可见清初皇帝们对请安折的重视。

但在乾隆以后，请安折多了起来，渐渐地成为了虚应故事。

密折只有皇帝与上请安折本人才能拆封。

曹頫是《红楼梦》作者曹雪芹的叔父。

光绪年间请安折

后来的皇帝也没有康雍乾三朝皇帝那样爱好批折，只是在折上批"朕安"两字罢了。有时折子太多，一时批不过来，还会嘱人代笔御批。

皇帝开始倦乏了，大臣也会有所息懈。乾隆以后大臣们的请安折大都是手下书手代笔。

当然，上请安折作为高级官员的特权，像一把双刃利剑一样常悬于大臣们的头上，稍有不慎，便会带来杀身之祸。清末刘声木《苌楚斋随笔》中记：

> 国朝疆臣奏事之折，即偶有错误一二字，亦不过交部议处，照例罚俸而已。惟每月所递请安折，万不可有一错误字，设为内廷看出，疑为不敬君上，祸且不测。合肥李文忠公鸿章，初任直隶总督，安折屡有错误字，内廷深滋不悦。恭亲王时在枢府，探知其事，命人转告文忠，谓安折以后如再有错误，祸将不测，勿以为小事而疏忽。文忠闻而惴惴。

哪怕是细微处都要想到。比如进折时机，一定要计算好奏折进宫的时间，如果遇到煞日，就要倒霉。如元旦贺折必须在腊月二十三日前到京，否则不收。

在国内的还好，比如江苏，驰驿大约 10 天左右可到，广东大约 20 日可到，官员们都心中有数，届时派专人护送，不会有误。但如果人在海外，比如清末那些驻外大臣，奏折只能走海运，遇到风暴或天灾，那可就没准了。因此，当时驻外大臣，都先写好了请安折，早早寄到内地，由内地大臣相机帮忙进呈。

光绪年间，驻美大臣崔国因，在国内找的代理是直隶总督李鸿章。李鸿章看在同乡面子上，自然帮忙。当然他不只帮崔国因一人，另外驻德大臣洪钧等，也求他做代理。

光绪十五年（1889 年）腊月，封印的前一天，李鸿章照例将收到的崔国因来年元旦应进呈的请安折进行整理，不料大吃一惊，发现崔的请安咨文与洪钧等人的有异。仔细一看，原来是崔国因请

洪钧是赛金花老公，祖籍安徽，也是李鸿章的老乡。

清代官衙每年十二月二十日封印，次年正月二十日开印，封印期间，官员放假。

安折咨文上的印花（官印印模）盖反了。再一检查，同期崔国因寄来的三十件文件上的印花都盖反了。按规定，咨文与请安折要一同交奏事处，印文倒盖，论罪应为"大不敬"。但时间紧急，崔国因远隔重洋，通知已来不及，更别说改寄了。李鸿章冷汗不止，又没办法，只好硬着头皮试试运气。还好，李鸿章打通关节，"幸奏事处但索京蚨八千"，这事才被遮掩过去。

李鸿章

奏事处是宫中专门负责向皇帝转交奏折的机构。

李鸿章心有余悸，专门将印反了的印花剪下一张，作为标本，寄给在美国的崔国因，叮嘱他，六月万寿节还要进请安折，千万别再出差池了。

李鸿章知道崔国因为人迂腐，崔高度近视，偏偏细小的事喜欢亲躬，因此在去信中特意说："朱子中庸注云：大臣不当亲细事。盖印细事，执事若委之所司，则无此失也。"

万寿山的"宫中牛棚"

　　清统治者对犯错的宫中太监，按照满洲家法进行处罚，最常见的就是圈禁，即关在一个相对封闭的空间里进行劳动改造。不但物质条件很差，而且来自精神方面的压力更非常人所能承受。由于长期与外边的世界暌离，加上沉重而无望的劳役，使他们对生活麻木而失去想象。

　　清人吴振棫《养吉斋丛录》中，有这么一段话："太监获罪……从前有交内务府总管用九条链锁之者，有发瓮山铡草者、吴甸铡草者，有圈禁瓮山永不释放者。"这里提到的"瓮山圈禁铡草"是清代宫廷史上的一个掌故。

　　瓮山铡草，很容易叫人想起"文革"期间的关牛棚——劳动改

清末万寿山（1900年前后）

造，虽然两件事根本就风马牛不相及。

不过，那些太监劳动改造的地方，却是山清水秀的好去处。瓮山，就是今天颐和园的万寿山。瓮山之称，最晚在元代就已出现。相传有一位老人在山上凿石，挖到一个装满金豆的石瓮，因此得名。瓮山周围多水泊，叫瓮山泊。明代时期，这里稻香蛙鸣，荷花连天，湖旁垂柳，掩映寺院亭台，山水如画，酷似江南，明武宗、神宗等都曾在此盘桓。清入关后，也看上了西山一带风景，开始经营宫苑；康熙中期，内务府上驷院还在瓮山开设了马厩。

颐和园，清代又称清漪园。

清代宫中聚集着大量服役太监，这些太监属于宫廷的家奴。清统治者对犯错的宫中太监，按照满洲家法进行处罚，最常见的就是圈禁。满族是马背上的民族，过去家人犯错，打顿鞭子，扔在马棚里反省。这个习惯后来一直被沿用。比如雍正皇帝继位时，曾将当年与他争皇位的主要政敌八阿哥允禩等圈禁。太监犯罪，当然不如阿哥圈禁有优待。太监圈禁，就是劳动改造，关在一个相对封闭的空间里，每天要服繁重的劳役。

上驷院负责拘禁宫内罪监劳动改造的制度，早在顺治十八年（1661 年）就有了明文规定。犯错的宫中太监被罚在马厩中圈禁，主要就是铡草，原来没有定处，各个上驷院马厩均可，后来为了管理方便，进行集中。康熙三十年（1691 年）下旨，有罪的宫中太监，今后发往新设的瓮山马厩铡草。从此，瓮山马厩成为固定的宫中太监圈禁服役的地方。

据《大清会典》记载，瓮山厩是上驷院的驽马厩，额定驽马 240 匹，常设厩长 1 员，厩副 2 名，厩丁 20 名，草夫 24 名。这是政书的说法，实际上，为了加强对铡草太监的管理，厩丁人数大大超出额定之数。

瓮山罪监铡草制度，起初很是混乱，雍正时期做了个整顿。雍正五年（1727 年），内务府上奏纠参上驷院及瓮山厩管理者办事不力，对于所拘禁的铡草太监"不行严加管束，甚是怠忽，不以为事"，以致发生铡草太监逃跑的事情。雍正帝于是下旨，今后由内务

打牲乌拉在东北
边外，今吉林一带。

府总管亲自负责瓮山厩铡草太监的稽查。内务府清厘了以往厩内铡草太监与宫中普通罪犯混杂在一起的情况，将瓮山厩内圈禁的校尉刘天伯等七人，或发往打牲乌拉，或发遣山海关外为庄丁。从此，瓮山厩真正成为专门圈禁太监之所。为了严肃处分，内务府认为瓮山铡草太监"俱系身犯大罪，发给铡草之人，若仍令出圈处行走，必致乘便脱逃"，便规定铡草太监不准出禁圈一步。另外，还对铡草太监衣食等做了明确的规定。瓮山太监铡草制度走上正轨。

乾隆时期，瓮山铡草太监不断增加，除了永远圈禁的铡草太监，还出现了大量有年限的铡草太监，而且后者逐渐成为禁圈的主力。为了应付新情况，乾隆十年（1745年），内务府议定，以后每年瓮山厩长须提前将年满将释的太监情况上报；对于永远圈禁太监，也应于每年年底比照大理寺的例子具核上报。同时扩大厩房，将铡草太监集中管理。又增派内务府领催及军丁，加强防范。这一年，瓮山厩中发生了一名铡草太监扭断枷锁，翻墙逃跑被抓回的事件。为此，瓮山厩的厩长、厩副各被罚俸六个月，负责看守的厩丁被打了八十鞭，连当时出外饮马不在圈内的厩丁也各被打了六十鞭子。

那么，在瓮山中铡草的太监到底都是犯了什么罪呢？

乾隆初年，内务府检查瓮山马厩，给乾隆帝上了个奏折，其后还附了九名永远圈禁太监的罪由及圈禁时间，大致如下：

常在系皇帝后宫
低级女眷。

清末太监门照及照片

闻进，现五十岁。因为他在办理常在丧事时，以抬棺人夫名目，讹诈工部官员银两，于康熙六十一年奉旨带锁发瓮山铡草。

牛大，现五十二岁。此前因为犯错，被发遣外省徒行两次，屡次逃回，被抓后押送回安插之地，结果又逃跑出来。康熙五十六年牛再次被抓，康熙下旨，"此内太监牛大系经二三次治罪发遣之人。今又逃回，情罪甚属可恶，若仍发遣原处，未免复又逃回生事妄为。著将伊锁拿交与内务府总管令在瓮山铡草"。

范可瑞，现六十二岁。原是内务府狗房侍监，因为将所属苏拉（杂役）张全踢打致死，于雍正五年六月内务府会同刑部判决将他鞭责后发往打牲乌拉。乾隆下旨改为枷责三个月，鞭一百，发往瓮山铡草。

王世凤，现五十九岁；王大眼，现八十一岁。两人因为是王爷府太监，雍正初年，由于雍正下诸位王爷争夺皇位，二王的主子被卷入党争受处罚，因此受牵连也被发遣安西（新疆）一带，后又改为发瓮山永远铡草。

张尔泰，现五十三岁，雍正十三年因犯罪，奉旨发瓮山永远铡草。

王玉，现五十三岁。原是十五阿哥府的太监，因为执小刀刺人，于康熙五十一年奉旨："十五阿哥太监王玉曾执小刀刺人，岂可容留内廷？交与瓮山铡草。嗣后如有此执刀太监，亦著交与瓮山。"

孙佩，现五十岁。因肆行讹诈，执刀刎颈，于康熙五十三年发往瓮山侧草。

刘快嘴，现五十一岁。因持小刀刺人，并

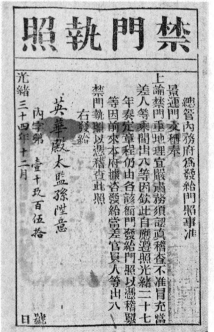

清宫太监门禁执照

将净房（厕所）窗纸扯破偷窥，兼犯讹诈等罪，经三法司判处绞刑。康熙五十四年奉旨免死，枷号三个月，鞭一百，带锁发瓮山铡草。

以上反映了乾隆以前的情况，从档案记载来看，多是内廷供职的下层太监，其所犯之罪形形色色。乾隆以前，瓮山马厩主要关的都是重罪犯，大多数要带锁铡草，永远圈禁。从清宫档案记载看，康、雍时期发往瓮山铡草的罪监，多是些讹诈官员银两、擅动金刀斗殴伤人致死之徒。瓮山马厩永远圈禁的铡草太监，常额一般为 10 名左右。有的一关就历了三朝皇帝，如上面提到的叫刘快嘴的太监，因为持刀伤人，又讹诈银两等罪，于康熙五十四年（1715 年）被发往瓮山铡草，乾隆十五年（1750 年），由于要扩建清漪园，铡草太监一律移往吴甸新址，乾隆帝见其已风烛残年，才开恩将他开赦为民。这个刘快嘴前后在瓮山铡了 36 年的草。

乾隆以后，瓮山马厩中开始出现有年限的铡草太监，多则 6 年，少则 1 年。这些太监，多是犯的逃跑之罪。

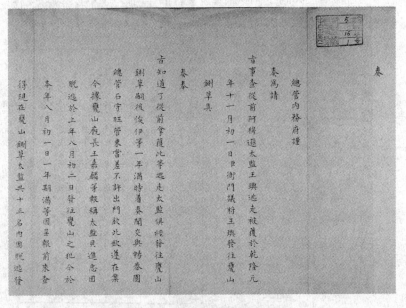

乾隆元年内务府关于瓮山铡草太监的奏案

乾隆朝，宫中太监人数达到了顶峰，最多时达3000多人。由于宫苑扩大，劳役激增，太监的劳动量增大，一些太监不堪重负，开始大量出现逃跑现象。为此，乾隆帝加大了处罚力度，乾隆元年（1736年）下旨，内务府"拿获此等逃走太监，俱经发往瓮山带锁铡草，嗣后俟伊等一年满时，着奏闻交与畅春园总管石守旺管束当差，不许出门"。后来这种重处不见成效，有的太监抓到后还二次、三次逃跑。于是乾隆十年（1745年）又颁布了二次逃走太监抓到后发瓮山铡草3年的规定。

　　这些太监逃跑的原因实在是五花八门。有因当差时犯了小错，怕被责打而逃的。如乾隆五年（1740年），上乘轿的太监石良弼，因为请轿时，鞋掉了，首领太监告诉他总管太监可能要打他，他一害怕，就逃了，被抓后发往瓮山铡草。当时有一个叫张良的太监，不知为什么突然胡须一夜间暴长，他害怕人家怀疑他不是太监，便跑出宫，结果也被抓，发往瓮山铡草。

　　在瓮山铡草的犯罪太监们，很多都是带锁服苦役的。尤其是那些被判永远铡草的，甚至有人身带9条锁链之多。雍正五年（1727年），发生了铡草太监断锁逃跑事件，内务府认为铡草太监所带的锁链不结实，于是重新更换了坚固的锁链。从乾隆十年（1745年）内务府所上瓮山铡草的太监花名册上看，全部15名太监中，带锁链的就有8名之多。

　　瓮山铡草太监的待遇很差。开始时连常例的监饭都没有保障，据雍正五年内务府的调查，当时禁圈内的铡草太监每天吃的都是喂马的变质仓米和料豆，有人认为这些太监吃了马食，则对于喂马配给有亏，影响了马的正常进食，这才议定：今后瓮山厩铡草太监，按照慎刑司犯之例，由上驷院配给监饭。至于衣被方面，也是到了雍正六年才明确规定："瓮山铡草内监，每年春季各给蓝布袷袄一件，单裤一条；冬季给粗布棉袄一件，棉被一条，棉袜一双。三年一次给老羊皮袍一件，均呈堂移咨广储司支领。"

瓮山铡草太监普遍感到精神压抑苦闷。

乾隆十二年内务府关于瓮山铡草太监的奏案

瓮山铡草太监不但物质条件很差，而且来自精神方面的压力更非常人所能承受。他们被禁锢在禁圈内有限的空间里，每天重复着沉重的铡草喂马、煮料添料、拣粪扫厕等劳役，漫长而乏味。长期与外边的世界暌离，加上沉重而无望的劳役，使他们对生活麻木而失去想象。萎靡不振的生活状态，导致这些本来身体与心理上就失衡的特殊人群更加危险，他们往往会因为一些无谓的细事，突然爆发争吵，甚至动武殴斗。

看管铡草太监的厕长、兵丁们对于太监的管理十分严苛，动辄打骂。乾隆十年，铡草太监王保扭断枷锁从瓮山禁圈中逃跑，被抓回后，在供词中称，由于太监之间的争吵，他被厕副打过，后来又因为草铡得粗了，遭到厕丁的毒打，"由于打的次数太多，受不了，才跑出来"。

从瓮山禁圈服刑期满的太监，乾隆初期，如果是宫内太监，铡草期满后，一般都发往畅春园等处，"拨外围当差"。乾隆十年后，又改为交热河等更远处管束当差。至于掌仪司、营造司等处原来就是外围的太监，一般铡草期满后，仍发回各处管束当差。这些太监回到各处，被严加管束，委以苦差，有些太监实在不堪忍受，再次逃跑。

乾隆四年（1739年）七月，内务府上奏，发现瓮山铡草期满后分配到畅春园船上的太监冯玉又失踪了。四个月后，内务府的番役在西直门一带将冯拿获。据冯交代，他是因为不堪差务的劳苦，乘隙潜逃出来。内务府依照惯例，奏请将冯太监鞭打一百，然后发往瓮山永远铡草。这种情况乾隆以后十分普遍。冯玉还算幸运，被发往瓮山永远铡草，而一般多次逃跑的太监，瓮山关不住了，就被发遣到黑龙江、吉林等关外之地，生死无人过问。

瓮山马厩太监圈禁铡草制度，经历了康雍乾三朝，前后达 60 年，到乾隆十六年（1751 年），却遽然中止。原因是，自称"山水之乐不能忘于怀"的乾隆皇帝，早已相中了瓮山的山水。乾隆十四年，他以治水为名，任命内务府大臣三和负责全面修建扩展西湖（今昆明湖）行宫。乾隆十六年，乾隆帝母亲钮钴禄氏六十大寿。为祝寿，乾隆帝在改西湖为昆明湖的同时，重新命名瓮山为万寿山，并在圆静寺旧址上建造大报恩延寿寺。同年七月，全园定名为清漪园。瓮山马厩于当年迁往安河吴甸行宫，该厩内圈禁的铡草太监也基本一同迁往。这件事，乾隆帝早已做过安排，乾隆十五年，内务府奏定："今查得南园吴甸厩长萨尔苏之圈地方宽敞，请交与工程处，令其酌量作速盖造房数间，完日即将太监等移至彼圈铡草可也。"

从此，"瓮山铡草"一词成为了历史，被"吴甸铡草"所替代。

百事杂谈

教科书里
没有的
清史

康熙苑囿中的试验田

　　柴米油盐，虽是很小的事情，但关乎国计民生。康熙帝是个好琢磨的人，农桑是他的心头大事。康熙帝不只是停留在口头上，而是付诸行动，他的官苑中，许多地方都开辟成了试验田。

　　说起水稻栽培，不由想起了康熙皇帝。康熙四十六年（1707年），康熙帝南行巡察河工。途中，他在皇子胤祉的奏折上，兴冲冲地批注了高邮、镇江、苏州三地的"粮价单"，记得很细：包括三地的黑豆、黄豆、绿豆、上白米、中白米、下白米、上江米、中江米、下江米、芝麻、大麦、小麦、豌豆、白面、陈灿米的时价等项，并注明了要"阿哥看"。

　　柴米油盐，虽是很小的事情，但关乎国计民生。如果说在奏折上批注是康熙帝的一个办公习惯，那么在奏折上注写粮价，则说明了他对粮价的重视。其实，从康熙朝中期起，康熙帝就要求亲信在给自己的密折中，一定要写进地方粮价与雨雪的情况。自此以后，雨雪与粮价便成了康熙朝密折的一个主要内容。康熙四十八年（1709 年）二月，康熙帝曾在江宁织造曹寅所上的密折中朱批："知

《康熙南巡图》中的农耕场面

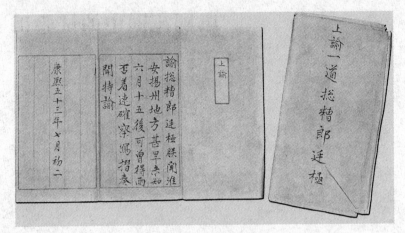

康熙帝谕郎廷极奏报地方水旱情况

道了，江南米价，有人来必入奏折奏闻。"

康熙帝是个好琢磨的人，农桑是他的心头大事。康熙五十一年（1712年），他曾对大学士等说："自古人主，大多厌闻盗贼水旱之事，殊不知凡事由微至巨，豫知而备之，则易于措办。所以朕于各省大小事务，惟欲速闻之也。即如各省来京之人，从福建来者，朕以浙江米价询之；自江南来者，朕以山东米价询之。伊等系经过之地，必据实陈奏。即彼省大吏，知不可隐，亦皆实奏。米价既已悉知，则年岁之丰欠，亦可知矣。"

据统计，康熙时期近50%的奏折与雨雪粮价等农桑有关。

《耕织图》之"耕图"

除了大量的报雨雪粮价的朱批奏折以及地方所报的《晴雨录》外，在康熙帝的御制诗文里，也出现了大量有关这方面的内容。康熙三十五年（1696年），命宫廷画家焦秉贞绘出《耕图》、《织图》各23幅，康熙帝在每幅画上都有题诗，并刊刻颁印。《耕图题诗》

生动地描绘了农业生产的全过程，从浸种、耕田、耙耱到布秧、拔秧、耘田，再到灌溉、收刈、登场，直到舂碓、簸扬、入仓等等，写得文情并茂。

康熙时期，西方世界已进入工业革命时期，而大清帝国，依然以个体小农经济占主导地位。据统计，康熙五十年（1711 年）前后，全国每年财政总收入 3385 多万两，其中盐课及关差银仅 600 万两，占全年总收入的 17.7%；其余全是地丁税，为 2785 万余两，占全年总收入的 82.3%。由此可见，农桑不仅是百姓的衣食之源，也是国家的经济命脉，难怪康熙帝如此重视。

与历代帝王相比，康熙帝有一个特点——他喜欢亲身体验、学习研究。他很憧憬汉初的文景之治，没事他就拿着文、景两帝的《劝农诏》、《令天下务农桑诏》、《劝农桑诏》等反复阅读与思考。康熙帝熟读诗书，自然明白历代圣贤君王成功之本，在于勤修农事。他御制的《农桑论》，一上来就说："尝观王政之本，在乎农桑。"并进一步阐述："盖农者，所以食也；桑者，所以衣也。农事伤，则饥之源；女红废，由寒之原。小民饥寒迫于身，而欲其称仁慕义、有无不兢、遵路会极，其势不能。"

康熙帝不只是停留在口头上，而是付诸行动，他的宫苑中，许多地方都开辟了试验田。他曾将南方的青竹移到禁苑试种，因北地气寒，"非保护得宜，即难艺植。经过精心培育，居然成活繁衍。经三十余年，竟延至数亩之广，其围到八寸，直径二寸五分"。有时他还命大臣们参观这些成果，并说："北方地寒风高，无如此大竹。此系朕亲视栽植，每年培养得法，所以如许长大。由此观之，天下无不可养成之物也。"此外，他还在自己的后苑开辟"御瓜圃"，把长白山的人参移植于禁苑盆中栽种，并将哈密的白、绿、紫色葡萄引种于北京。

康熙帝很注意平时的观察与积累。《康熙政要》卷十九记载，康熙帝南巡时，在江浙见舟中满载猪毛、鸡毛，问其用途，说是运往福建，因福建稻田以山泉灌溉，泉水寒凉，用此则禾苗茂盛，亦得

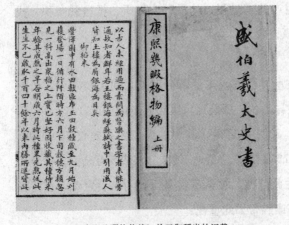

《康熙几暇格物编》关于御稻米的记载

早熟。康熙帝回京后，为了摸索在北方推广水稻种植的经验，便在西苑（今中南海）新建丰泽园，作为试验基地。"治田数畦，环以溪水，阡陌井然在目，桔槔之声盈耳，岁收嘉禾数十钟。垅畔树桑，旁列蚕舍，浴茧缲丝。"万几余暇"于此劝课农桑，或亲御耒耜"，进行科学试验。《康熙几暇格物编》之《御稻米》篇中记载过这样一个故事：

有一年的六月下旬，水稻刚刚出穗，康熙帝沿着田埂察看，忽然见一棵稻穗比别的都高，结实丰满。本来这片稻田种的是河北玉田稻种，要到农历九月才能成熟，而这一棵稻子提前60余天，在六月就早熟了。这使康熙帝喜出望外。于是，他把它作为种子加以收藏，到第二年试种，观察是否早熟。果然又在六月成熟，比一般的水稻早两三个月成熟。"从此生生不已，岁取千百"，开始广泛试种，终于培育出了早熟新稻种，取名"御稻米"。史载，这种米"色微红而粒长，气香而味腴"。康熙帝心中充满自豪，说："今御稻不待远求，生于禁苑，与古之雀衔天雨者无异。朕每饭时，尝愿与天下群黎共此嘉谷也。"

由于康熙帝的示范作用，一些地方官员也开始仿效。康熙三十七年（1698年），直隶总督李光地上疏请求在直隶开垦水田。康熙帝认为"水田不可轻举"，因为北方水土不同于南方，水难以积蓄。康熙四十二年（1703年），清廷兴建热河行宫，御稻种首先被移植到承德避暑山庄。康熙帝在庄内开辟大片水田试种，获得成功，此举改写了长城以北不能种稻的历史。据康熙帝回忆："山庄稻田所收，每岁避暑用之尚有盈余。"承德试种成功后，康熙四十三年（1704年），天津总兵官蓝理题请在天津等处开垦水田。此时永定河已经治理，直隶水利状况改善，于是康熙帝同意加以考虑："天津沿海斥卤地方，又非民田。今蓝理请开水田，著交部议奏。"后经奏准，从翌年起，由蓝理在天津试种水稻。康熙四十五年（1706年），天津插秧100顷，收水稻万余石。

经过十几年的试种，到康熙五十三年（1714年），康熙帝又决定向大江南北推广，意欲发展双季稻。他认为，南方气候温暖，稻谷成熟必早于北方，"夏秋之交，麦禾不接，得次早稻，利民非小。若更一岁两种，则亩有倍石之收，将来盖藏渐可充实矣"。他首先把一石御稻种发给苏州织造李煦、江宁织造曹寅，令他们双季连作。江南农民对御稻"无不欢忭踊跃，传为异宝。凡有田产之家，俱闻风求种"。康熙帝看了非常兴奋，特指示："此种须广布江南，以便民生才好。不可花费吃用！"他的期望很大，曾作《早稻诗》云："紫芒半顷绿荫荫，最爱先时御稻深。若使炎方多广布，可能两次见稻针。"

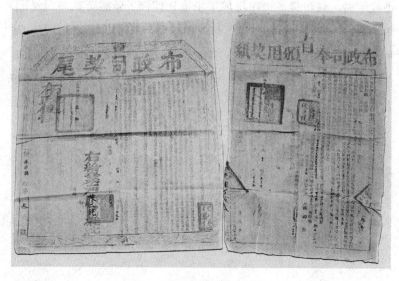

康熙朝土地买卖契约

但由于李煦与曹寅试种时间不对及技术操作不当等原因，试种没有达到预期效果。第二年，康熙帝专门派水稻专家、老农李英贵到苏州去做现场指导，结果大获成功。第一季与其他稻种亩产相同，第二季产量则大幅提高。我国南方过去双季稻是以糯和粳连作，而康熙帝发展了水稻双季连作制，并首创了同种粳稻双季连作制。两年后，两种御稻双季连作，扩展到江苏、浙江、安徽及江西等地。

康熙帝对水稻的种植可谓一往情深。在他的诗中，对水稻的育种、拔秧、插秧、收刈、拾穗等全过程都有具体的描写，都抱有执着的追求和深切的渴望。虽然他的诗句还算不上是非凡的佳作，但它贴近生活，有泥土气味，比某些文人在书斋里凭想象来撰写诗文更富有生活气息，耐人玩味。

康熙帝与水稻的关系相当密切，这在17世纪乃至近代以前，不但在中国前无古人，在世界上也无与伦比。中国是一个人口大国，吃饭从来都是国计民生的最大问题。宋代何承矩、明代徐光启等人虽然曾在北方开田种稻，但都没有越过京津地区。康熙帝的贡献，一是把水稻的种植推进到了长城以北，二是在南方推广连作双季稻。他晚年时，热河避暑山庄已成了皇家庄稼园。康熙帝在《刈麦记》中记载山庄内"今百谷齐成，与内地相似，不过迟十数日而已，故种麦者颇蕃。山庄苑内，麦、谷、黍、稻皆寓焉"。而年老的康熙帝，每每扶杖而阅耕种，临畦而观刈获时，总是高兴地说："苍颜野老共庆有秋，黄口稚子无愁乏食。此朕一时之真乐也。"

乾隆武功与欧洲制造

当时清宫廷画苑及内务府如意馆不具备精制铜版画的工艺技术，但这挡不住乾隆皇帝，他决定将其亲自策划的一套大型纪实性的战图纪念册送往欧洲制作。乾隆帝颇有版权意识，将巴黎制作的铜版画原版全部收回，以备日后重新拓印之需。此外，他还多了个心眼，就是希望自己的宫廷能够引进并掌握这门技艺。

清代皇帝中，属乾隆最滋润，典型的"盛世"皇帝，不但长寿，而且会玩，一生光诗就写了 4 万多首，现在故宫里的宝贝，大部分都是他那时收的。他赶的时候好，在位时清王朝国力正达到强盛顶峰，

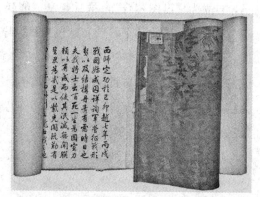

乾隆帝御览《平定西域战图》卷轴

不仅国家 GDP 猛增，社会也相对安定，文化上更是呈现出繁荣的态势。当然，论起"文治武功"，乾隆帝也差强人意，尤其在武功方面，他颇为自得，还亲自参加炮制过一个"十全武功"神话。每次打完仗，为了纪念战功，他总不惜靡费，花样翻新，甚至还搞过"欧洲制造"的大型纪实作品，比如《平定西域战图》（又称《平定准部回部战图》）。

大清皇帝的突发奇想

自康熙中期到雍正朝，西北天山一带的厄鲁特蒙古准噶尔部，

在几任首领的率领下，凭借强大的军事实力，几十年来一直在与清廷谈谈打打，或出兵攻掠蒙古其他各部，或出兵西藏、进犯内地。

乾隆二十年至二十四年（1755—1759年），清廷开始向西北发动攻势。首先于乾隆二十年，分兵两路，向准噶尔部腹地伊犁进发。由于准噶尔首领达瓦奇众叛亲离，清军几乎兵不血刃进抵伊犁。出逃的达瓦奇并不甘心，纠集余部，继续与清军抗衡，在格登山再遭清兵重创，在逃往南疆乌什的途中，被维吾尔首领霍集斯擒获，献给清军。

准噶尔平定后，南疆地方政权落到了维吾尔首领手中。这些维吾尔人在清朝被称为"回部"，原是叶尔羌汗国属民。乾隆二十二年，"回部"首领大、小和卓木杀死清廷驻南疆的招抚使臣，聚集人马，自立为"巴图尔汗"，举兵叛乱。清廷再次起兵进剿，围攻库车。清军先是屡攻不下，后又贻误战机，导致大、小和卓木趁夜逃遁。清军走马换将，新任将军兆惠率三千清兵孤军履险，在叶尔羌城东黑水河边结营，与回部上万围兵抗衡。次年初，清军援兵到来，大破"黑水之围"。之后，清军乘胜兵分两路，一路清剿，直至回部叛乱被平息。

这一系列的西北战役，分为三个阶段，后来被乾隆帝总结为"十全武功"的前三个——"两平准部"、"一平回部"。

作为头三个"武功"，乾隆帝十分在意，举行了一系列盛大的受降献俘、纪功宴臣等仪典，论功行赏。除了在伊犁、格登山、叶尔羌等处刻立纪功碑外，还下令将几年来有关战争

乾隆帝关于嘉奖将军兆惠等人战功的上谕（局部）

的御制诗文 220 多篇都勒石于武成殿庑，并且两次下谕将 100 名功臣的绘像挂于紫光阁。即使这样，他还意犹未尽，又突发奇想，决定制作大型铜版组画，以作纪念。

凯宴成功诸将士图

铜版画是 17 世纪由欧洲传教士带到中国的，后来流入宫中。乾隆是个颇有艺术气质且勇于创新（至少在艺术方面）的皇帝，对铜版画有所接触。但是，过去中国从没有制作过，清宫廷画苑及内务府如意馆等显然不具备精制铜版画的工艺技术。但这挡不住乾隆皇帝，他决定将其亲自策划的一套大型纪实性的战图纪念册——《平定西域战图》（由 16 幅铜版组画组成）送往欧洲制作，并谕令两广总督与广东粤海关专门负责此事。

一个旷日持久的国际文化工程

这批铜版画之所以堪称为纯粹的"欧洲制造"，除了其制作在欧洲外，画稿也都是由当时在清宫廷中当差的西洋传教士画家起草的，他们分别是意大利人郎世宁、法国人王致诚、波希米亚（西班牙）人艾启蒙和意大利人安德义。乾隆二十九年（1764 年）十一月，乾隆帝曾下旨："平定伊犁等处得胜图十六张，着郎世宁起稿，得时呈览，陆续交粤海关监督转交法郎西雅国（法兰西），着好手人照稿刻

乾隆二十六年（1761 年）正月，大内西苑紫光阁落成，乾隆帝在此特设宴庆功，并将西征有功之臣傅恒、兆惠、班弟、富德、阿玉锡等 50 人画像置于紫光阁。文武大臣、蒙古王公台吉及西征将士 100 多人出席了盛宴。图中描绘西苑紫光阁前搭一座帐篷，乾隆帝乘坐十六人抬的肩舆，缓缓进入宴会场。文武官员及蒙古王公贵族分列两旁跪迎。远处可见北海琼岛上的白塔及稍近的金鳌玉蝀桥。

做铜版。其如何做法，即着郎世宁写明一并发去。钦此。"次年六月，郎世宁等四人就将4张画稿完成，分别是郎世宁画的《格登鄂拉斫营》、王致诚画的《阿尔楚尔之战》、艾启蒙画的《平定伊犁受降》和安德义画的《呼尔满大捷》。乾隆帝阅看后，很满意，下旨由军机处发往粤海关。并规定其余的12幅底稿均由他们承担，分三次绘制呈进。全部画稿都由乾隆帝御览钦定。

乾隆二十年（1755年），准噶尔部头目达瓦齐率部万人退至伊犁西南180里的格登山据险抵抗。五月十四日，清军将领阿玉锡等率兵20余名，前往达瓦齐营诈降，趁其不备，突然于营中放枪呐喊，敌军遭此突然袭击，惊恐万状，自相践踏。达瓦齐仅率亲兵落荒而逃。此战将达瓦齐主力一举解决。此图右部画阿玉锡等人全副戎装，策骑于崎岖山路上，转出山口，向敌营冲击，敌军乱作一团。远处策应的清军大队人马正在绕过山后。

《格登鄂拉斫营》图

第一批成形的4幅图稿，连同附有乾隆上谕的拉丁文及意大利文译本，还有郎世宁的一封有关制作要求的信件到达广东后，在两广总督与粤海关监督的监理下，送到法国巴黎制作，具体由当时与外国人做生意的广州十三行和法国的东印度公司接洽承办此事。按照西方规矩，双方订立了契约。这份契约的法文本，现在还保存在法国巴黎的国家图书馆。

此后，其余12幅图稿也于乾隆三十一年（1766年）陆续完成，分三批送往法国。按照合同约定，法方应四年后交货，鉴于分批送往制作，中方提出最迟乾隆三十七年（1772年）交货。但实际情况是，到乾隆三十五年（1770年）十月，广东海关才接到从欧洲海运来的第一批铜版画。此后稀稀拉拉，前后分了十批，一直拖到乾隆四十二年（1777年），16幅铜版画原版及各200张的拓图，方全部运抵中国，历时竟达 11 年之久。其间，乾隆皇帝几次下谕催问，内务府更是频繁咨文广东官员追查究问。造成法方交付时间拖延的原因很多：一是来往运送时间长。当时走的是海运，且要寻找合适的前往法国的商船。乾隆三十年（1765 年）署理两广总督杨廷璋在奏折中提到，当他看到十三行与法商的协议时，认为约定的四年时间太长了，而十三行大班回称，光来回的水路运程就需三年。二是铜版画制作工艺要求严格。前四幅图稿送到法国后，受到法国有关部门的重视，法兰西皇家艺术院院长马立涅侯爵亲自过问，委托柯欣负责，挑选了雕版名手勒巴、圣·奥本、布勒弗、阿里默等七人分别制作。看来，法国艺术家们还是敬业的，法方曾回复广东官员，称"铜板工夫细巧，只有四五人会做，有不到之处，又须另做"，并称第一批刻版因为刻得不细，曾重新做了加工，耽误了时间。他们特地于乾隆三十六年（1771 年）将《平定回部献俘》一幅做成镶金边的玻璃镜框的形式，送给中国皇帝，乾隆帝下谕将此图悬挂于宫中。另外，铜版画的拓印，也是一个细致活。此前乾隆皇帝下谕要求每版印刷 100 张，后来又改每版印 200 张，拓印工作量增加了一倍。据巴黎方面称，在拓印过程中浪费很大，稍有疏忽，就得报废重印。

奇怪的是，关于制作经费，据法国方面的统计，这 16 幅画的制作，中方支付法国方面的经费高达 20.4 万两白银，而内务府上报乾隆皇帝则只有 4800 两。可想而知，一定是内务府为了皇帝的自尊，想办法多垫了 20 万两白银。

乾隆的再加工与颁藏

乾隆帝亲自设计的这个史诗性作品，采用图咏结合的形式，除了铜版图，还配有乾隆帝的纪实御制诗文。在平定西域回疆时期，乾隆帝曾写过 200 多首纪事诗，他依照图版的题目，从中挑出了"伊犁受降"等 10 首。为了凑足 16 首，他又于乾隆三十一年，补作了另外 6 首御制诗，并亲作了序跋。

这是早期御览《平定西域战图》卷轴中的一幅，诗文单独成立，与后来新版册页图中的诗相比，显然要长些。这是因为，由于空间的限制，新版战图上的诗文中，原有的注释文字全部被删节了。

当所有的西洋铜版画送回后，乾隆帝即开始了将图咏合璧的合成加工工作。巴黎送到的铜版原画上是没有御制诗的。因此，乾隆帝叫如意馆将御制诗文刊刻成与铜版画大小相同的制式，与铜版画装裱在一起，一图一诗，前面加上自己的御制序跋，后面附大学士于傅恒等人的后跋，制作成为《御笔平定西域战图十六咏并图》，恭藏于宫中。之后，他又觉得诗图分家不爽，便令内府工匠将御制诗缩刻，印于铜版画的空白处，于是制造出大量的"中西合璧"的新版《御笔平定西域战图十六咏并图》。此后流行的大都是这种新版本。

凯宴成功诸将士得诗八章

从清宫档案记载来看，乾隆四十四年（1779 年）四月，如意馆一次即印制了 149 份《御笔平定西域战图十六咏并图》，乾隆帝在奉三无私殿御览后，下令除了紫光阁、造办处舆图房、十二处行宫，以及蒙古王公各赏一些外，余下的 103 份全部颁发给各级王公大臣、地方督抚官员，甚至还专门发给民间著名的收藏家。为编纂《四库全书》等呈进图书较多的私人藏书家，也得到了《乾隆平定准部回部战图》，如天一阁的范懋柱，大藏书家鲍士恭、汪启淑、马裕等。显然，乾隆帝是准备要让此作品流芳百世。

乾隆帝颇有版权意识，将巴黎制作的铜版画原版全部收回，以

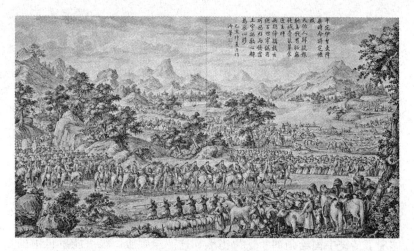

清宫新版《平定西域战图》

备日后重新拓印之需。此外，他还多了个心眼，就是希望自己的宫廷能够引进并掌握这门技艺。绘图起稿应不是问题，宫中尚有供职御画苑的西洋传教士在。而制版方面，后人研究认为当时中国的艺匠很可能已经消化了技术性很强的铜版画制作技法，清宫内极有可能已经有了一个专门从事制作铜版画的工作室。另一关键是拓印的材料。当时，印制铜版画的油墨是西方特制的，当初法国人曾提到这一点，在送交铜版画时，提出西方的油墨与中国的不同，问清廷是否需要购买。乾隆帝拒绝了，他自信宫中如意馆的那些能工巧匠一定能够攻克这一难关，后来果然如他所料，不但油墨，连印刷西洋铜版画的纸张也被内务府成功仿制。乾隆帝曾下谕将铜版原画裁下的多余纸边，送杭州织造研究仿制，并获得了成功。正是由于宫廷画师工匠们掌握了这门艺术，之后，清宫印制了大量的铜版画。清代乾隆时的宫廷铜版画除了《圆明园图》册 20 幅外，其余均为"战图"，计有《平定西域战图》册 16 幅、《乾隆平定两金川战图》册 16 幅、《乾隆平定台湾战图》册 12 幅、《乾隆平定苗疆战图》册 16 幅等六组，共 62 幅之多。

　　铜版画《平定西域战图》无疑是中西合璧艺术珍品的典范。它是清宫系列战图中最出色、最具欧洲原风味的作品，因为该图由欧

在此图中的空白处加印了乾隆帝的御制诗及宝玺。而原来巴黎所拓的图中没有御制诗文。

洲传教士画家绘制草图，又由法国的雕版艺匠刻制。图中所画的虽然都是东方人，却有着高鼻深目的脸庞，这是因为雕版者没有见过黄种人；图中的山石树木，阴阳向背分明，受光处明亮，而背光处浓黑；马匹的肌肉凹凸，颇合解剖结构，以上均为欧洲画法之特点。在《鄂垒札拉图之战》画中，出现了若干赤身裸体的人物，从帐篷内匆忙逃出，这更是欧洲绘画中常见的镜头，而在中国传统绘画中是极为少见的。后来，随着欧洲传教士在宫中的凋零，宫中传统的画家们也逐渐丢掉了这种欧洲画风。比如后来的《乾隆平定台湾战图》，具有明显的中国绘画风格，无论人物、山石、树木、海浪，都体现了传统中国绘画的手法。当然，这一组铜版画很可能出自中国艺匠之手。

画面描绘了大军抵达伊犁后，准噶尔部众夹道欢迎的场面。他们"有牵羊携酒，迎叩马前者；有率其妻子，额手道旁者"。威武雄壮的清军马队佩带弓箭从山谷林木中列队进入一片空地，欢迎民众里有乐队在吹奏乐曲，情绪甚为欢快。远景中尚有众多蒙古族牧民牵携马匹、骆驼及物品渡河来归。

伊犁受降图

　　画中自然也包含了一些中国绘画的因素。全景式的构图是这套铜版画艺术上的特点之一。而且，每幅画中都配有乾隆帝书写的一首诗，这些诗也都刻录在铜版上，与画一起印制出来。因此，画面看上去的确有点中西合璧的味道。同时，它的纪实性很强，再现了一些很有趣的细节。比如清军大都使用的是"冷兵器"，即刀、枪、弓箭，而叛军使用的几乎都是火枪之类的"热兵器"，这些"热兵器"是由沙俄提供的。

宫廷画师所绘《平定西域战图》（彩绘本）

　　值得一提的是，那些从巴黎收回的画图原版，早期存于启祥宫（如意馆），后又一度存于内务府舆图房，清末时则保存在紫光阁。1900年八国联军占据北京时，被德军从紫光阁中掠去，现收藏在德国柏林的国立民俗博物馆中。由于乾隆时期的大量复制和颁藏，因此国内民间现在也偶有所现。而在国际上，由于这套图当年是在法国赫尔曼铜版公司制版刊刻印制的，加之其艺术精美，又反映东方异域风情，因此出现过多种仿刻印刷版本。如1783—1785年法国赫尔曼曾仿刻出版过一组小型铜版《平定准噶尔回部得胜图》16幅，版面为原格式一半（原版每幅纵55.4厘米、横90.8厘米）。另外，西方还出现过一种《乾隆平定准部回部战图》，共21幅，在原16幅的基础上又续貂增刻了5幅。前几年报上登载，国内某拍卖会上，这种每套21幅的西方仿制品，拍价达二三十万人民币。

　　由于铜版画《平定西域战图》的成功，乾隆帝意犹未尽，又叫宫中的御用画师丁观鹏等，摹照郎世宁等的原画，绘制了一套传统国画版的《平定西域战图》。可见乾隆帝对铜版画《平定西域战图》的重视与偏爱。

宫戏：慈禧与光绪的另类角斗场

原本，看戏在一定程度上是为满足帝后们的文化娱乐需要。他们在繁忙的政务之余，在宫闱内永无休止的争斗间隙，也需要一片暂时的麻痹与休憩。但是，在歌舞升平的表象背后，光绪朝的宫中戏剧竟也掩不住宫闱斗争的血腥与刀光剑影。

近人笔记《世载堂杂忆》载：光绪二十五年（1899 年），武昌出了个假光绪。有人传言，因搞"戊戌变法"没成功而被老佛爷慈禧太后幽禁于北京瀛台的光绪帝偷偷跑了出来，到湖北找湖广总督张之洞为靠山，与慈禧抗衡。湖北的地方大员们不敢妄动，遣人上门探询，见过这个"光绪"的官员，回来都说太像了。而"光绪"并

光绪帝画像

不大搭理前来的众官，只是说"见到张之洞自然分明了"。作为总督，张之洞一时不能遽辨真假，又不敢轻易上门去见，连忙广派耳目进京打探，又是发密电，又是写密信，后来得知光绪帝还被幽禁在瀛台，此人是假冒，这才"开庭亲审，以释天下疑"。只是，在真相澄清之前，好些官吏已迫不及待，有的上门拜谒，有的献款纳供，一时门庭若市，好不热闹。

经查：这个假光绪原是个旗人籍伶人，自幼在宫中唱戏，因为长得像光绪，跑出来招摇撞骗。

然而，就算长得像皇帝，但对一

此记载真实与否，不是本文主题，不必具论。

个戏子来说，要做到以假乱真掩人耳目，谈何容易？若非有长时间的近距离接触观察模摩，岂能成功？

不过，这种条件现实中确实存在。因为光绪皇帝本人是个戏迷，戏子入宫唱戏的事是经常发生的。

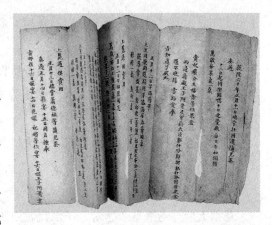

乾隆十六年（1795年）正月十一日至二十日演十天台戏折

将戏曲演出列入朝廷仪典始于清代。每值新年、除夕、万寿节及各种节令，每月的初一、十五，清宫中都有固定的戏曲演出。另外，内廷喜庆事，如皇子出生、册封嫔妃，也都要唱戏以示庆贺。

清代宫廷戏有两个高潮，一在乾隆年间，一在光绪朝。宫中不但有皇家自己庞大的戏班——昇平署，而且还不断地请外面的梨园名角入宫唱"承应戏"。遇到重大庆典，甚至一连十天唱大戏，氍毹笙歌，酒筵流风。

光绪朝，国运日渐衰微，但由于慈禧太后等上层统治者对戏剧的偏嗜，宫廷唱戏却进入高潮。民间名角谭鑫培、孙菊仙、汪桂芬等都被召进宫中唱戏。王公大臣、朝廷要员、八旗兵丁、民间商贾均以看戏为时尚，京城日日笙歌不断。为此有人愤慨发出"家国兴亡谁管得，满城争说叫天儿（谭鑫培）"的叹息。

虽然国家财政已走向崩溃，但统治者看戏却不惜靡费。据清宫档案记载：光绪二十年（1894年）为了筹办慈禧六十寿辰，宫中仅置办戏衣、切末（道具布景）就花费白银52万两。而为了捧名角，慈禧往往会大把地赏银。光绪三十四年（1908年），谭鑫培、侯俊山等名角演一出戏，最多可领到60两赏银。不仅演员，即使管差官员及幕后人员也有赏。光绪二十八年（1902年），庚子之乱西安回銮后

谭鑫培其父谭志道，工老旦，嗓音脆亮，有"叫天（一种鸟）"之称，谭鑫培被称作"小叫天"。

第一个元旦上演《膺受多福》戏，另赏给"总管、首领、里外承差人等银一千三百五十九两"。

原本，看戏在一定程度上是为满足帝后们的文化娱乐需要，他们在繁忙的政务之余，在宫闱内永无休止的争斗间隙，也需要暂时的麻痹与休憩。

但是，在歌舞升平的表象背后，光绪朝的宫中戏剧竟也掩不住宫闱斗争的血腥与刀光剑影。

慈禧太后与光绪皇帝这对母子君臣，由于政见的不同，形成敌对。"戊戌政变"后，慈禧将光绪幽禁瀛台。

光绪帝对戏曲也有所好，尤其是打鼓，颇有造诣。被幽禁瀛台后，偶尔召进乐师敲击锣鼓看看戏，当然有时自己技痒，也练练手。一个政治上失败的年轻皇帝，壮志未酬，借鼓板排遣一下心中郁闷，也在情理之中，但仍会遭慈禧横加干涉。

晚年的慈禧常点一出叫《天雷报》的戏。该戏讲的是草民张元秀收养弃婴，取名张继保，辛苦养大，13岁被其生母认回。后张元秀夫妻年老患病，想念养子，前往探望已成状元的张继保，后者却翻脸无情，死不相认，二老悲愤而亡。无情的张继保也遭天谴，被

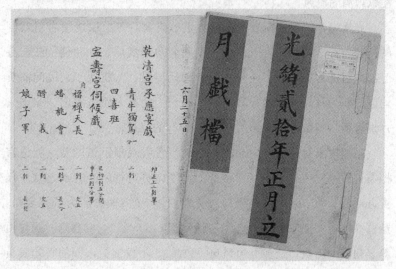

光绪二十年（1894年）详细记载慈禧太后六十大寿宫中演戏的《月戏档》

雷殛死。慈禧常点这个戏，以影射光绪不报抚育之恩而反目成仇。为了解气，还亲自在戏里添了五个雷公、闪电，主角张继保也被懿旨改成丑角。

光绪三十四年（1908 年）六月二十六日，是光绪皇帝 37 岁的生日。皇帝的万寿庆典，照例要演三天大戏庆贺，而慈禧太后竟然故意安排在二十五日上演《连营寨》。这是一出三国戏，突出刘备哭祭关羽，复仇不果，被陆逊火烧连营，窘死白帝城一事。这一天，颐和园的德和园大戏台上，满台都是"大盔白甲白号令"及丧幡丧服的哭灵戏，与万寿庆典喜庆的气氛格格不入。慈禧太后这一故意的举动，显然是针对"叛逆"光绪皇帝而来。这一诅咒太恶毒了！

而本年十月十日是慈禧的寿辰，从初七日到十五日在德和园三层戏楼整整唱了九天的戏，当然慈禧不会将《连营寨》这种戏安排进自己的寿诞庆典中的。

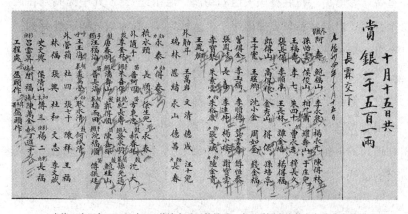

光绪三十四年（1908 年），慈禧太后死前最后一次观看谭鑫培等名角演戏赏单

就在慈禧太后万寿庆典演戏活动结束后六天，即十月二十一日，光绪帝寂寞痛苦地病死于瀛台。

慈禧的诅咒果然"应验"了。

不过，这个诅咒也会报应到自己头上——第二天，慈禧也死了。

接下来，全国举丧，轮到当初陪同观戏的王公大臣们现实中大规模地上演真实的"哭灵戏"了。

清宫里的"密电码"

　　清朝使用的这种电报密码，说起来有些叫人哭笑不得——对外无密可保，对内却层层设防。很多地方大员遇到急事，手拿电报却不能解读，只好眼睁睁地坐失良机，贻误大事。据说康有为能够死里逃生，就是因为朝廷的密电码出了问题。而大清北洋海军则因其"密电码"的小儿科而遭受重创。

　　光绪十三年（1887年），中国第一任驻英法大臣郭嵩焘上折光绪皇帝，参奏另一位驻德国大臣刘锡鸿"滥用经费"，其中提到刘在四个月内"以寻常私事发递电报至七八次"。这成为刘被撤职处分的一个重要舆论证据。

　　今天看来，一个驻外大使，四个月内发七八次私人电报，实在寻常。但在当时，确是骇人听闻。那时，电报在中国还是新生事物。电报收费之昂贵，绝非寻常百姓所能负担。据记载，当时从天津发往通州的电报每个字银币一角，相当于16斤大米或30个约合4斤鸡蛋的价钱，而从欧洲发往国内，其价格之高更可想而知。虽然后经总理衙门核算，刘锡鸿在任一年只发过13个电报，但用公款发私人电报，也确实违反了大清的外事纪律。

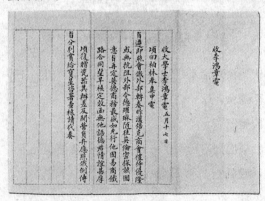

收李鸿章电

　　电报是现代邮政的一个重要技术。在

它之前，中国通信主要靠邮驿，也就是孔子所云的"速于置邮而传命"，周代已有了类似的机构，一直传到清代。电报是 1835 年（道光十五年）美国人莫尔斯发明的。随着西风东渐，19 世纪 60 年代，英、美、法等国不断公开要求在中国设立电报线。开始时大清国朝野上下惊慌失措，认为"电报之设，深入地下，横冲直撞，四通八达，地脉既绝"。但在一次次拒绝过程中，清政府忽然发现列强们已然既成事实地在中华大地遍设海底线、铺架岸线。

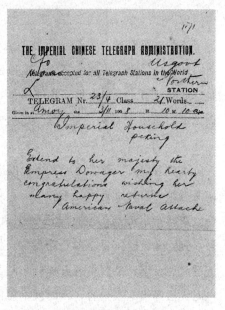

1908 年美国总统罗斯福致慈禧太后祝寿电

为了大清最后一点尊严，遏止外线入侵，光绪五年（1879 年）李鸿章修建大沽到天津以及从天津兵工厂到直隶总督衙门的电报线路。这是中国大陆自主修建的第一条军用电报线。第二年，李鸿章在天津设立电报总局，建学堂、购设备，开始为建设津沪电报线路做准备。光绪七年（1881 年）十月，全长 3075 华里的津沪电报线路全线竣工，开放营业，收发公私电报，这是中国自主建设的第一条长途公众电报线路。但大清朝廷却一直不以为然。

光绪九年（1883 年），中法战争爆发。光绪十一年（1885 年），老将冯子材取得"镇南关大捷"，这一震惊中外的喜讯，以电报形式，迅速传到了朝廷，带给慈禧太后和光绪皇帝很大惊喜。如果走驿传，最快也要 20 多天。清廷终于在现实中认识到电报的重要性，开始在军机处建立电报档案。自此以后，高科技进入了紫禁城。

接收电报自然要使用电码，清朝编制的密电码很简单，且多年

来一成不变。

这种电报密码，说起来有些叫人哭笑不得——对外无密可保，对内却层层设防。按制度规定，电报密码本很多地方大员都不得接触，遇到急事，手拿电报却不能解读，只好眼睁睁地坐失良机，贻误大事。据说康有为能够死里逃生，就是因为朝廷的密电码出了问题。

戊戌政变时，慈禧太后下令包围康有为住地宣武门外米市胡同南海会馆。当时康有为并不知情，正乘商轮"重庆"号前往山东烟台，清廷指示追捕的电报早已到达烟台登莱道衙门，密令"重庆"号一到，道台衙门要立即登轮捉拿，将康就地正法。有趣的是，那天登莱道台李希杰因事离开衙门，随身带走了密码本，留守的官员一时无法译出电报内容，因而就不可能采取拿人措施。等那位道台回到衙门，康有为乘坐的"重庆"号早已离港多时。后来康有为得知北京发生政变，痛哭失声，逃奔海外。

康有为得幸于清宫"密电"制度的漏洞，而大清北洋海军则不幸于其"密电码"的小儿科。中日甲午战争中，北洋水师全军覆没的一个重要具体原因，就是战前日本军方破译了清宫密电码。1894年6月22日，日本外务大臣陆奥宗光致函清朝驻日公使汪凤藻，商讨国事。次日，汪氏以密电码通信手段向国内总理衙门拍发了一份长篇电文，其中包括陆奥宗光给清朝驻日公使的函文。负责监听中方通讯的日本电信课长佐藤爱磨截获了这份电报，但发现使用中方通讯中的明码本无法译出这篇电文。根据情报了解到清廷电报加密的情况，于是这位电信课长分析了清政府给驻日公使的电文，通过电文对应的数码排列，发现了清廷密电码的编排规律。运用"暴力破解法"，佐藤在很短时间里，就破译了清廷使用的"密电码"。至此，清廷军事通信的密电码已经彻底失去了其保密性。不幸的是，清廷对密电码泄密一事全然不知。因此，甲午战争期间，日方对清政府内部的虚实，陆军、海军的行踪及各方面的情况，全都了如指掌。

更糟糕的是，甲午战争失败后，李鸿章代表清政府去日本谈判。

谈判中，无论大事小事，李鸿章都用电报向国内清廷请示，而清廷密电码早在战前就被日本破译，因此中方谈判会商内幕都被日方掌握，包括割让台湾、二万万两白银的赔款底线等。

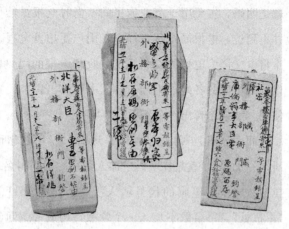

清宫收电

结果是李鸿章在谈判桌上无论怎样争辩，总是无济于事。谈判的全部过程都在日方的掌控下进行，李鸿章处处陷于被动，最终签订了近代史上中国损失极为惨重的《马关条约》，李鸿章也从此背上了卖国的骂名。

　　清代最初开通电报用的是洋文，后来突破了汉字编码的难关，开始直接使用汉字拍发电报。

　　清廷宫中电报，多采用加密方法。清朝的密电，最初是使用暗号的。其实中国文书使用暗号已有上千年历史，北宋时期就有专门用于传递情报的暗号，叫"字验"。这种"字验"就是将一些特定的诗句短语，分别编上相应的代码数字。将军出征，先发给代码本，约定好诗句短语的密钥。并在公文上做记号，公文到达后，主帅即可译出。用这种方法传递军情，保密效果非常好。这种暗号历代沿用，不易破解，但只能传递一些简单的短语。中法战争以后，随着电报的使用日益频繁，越来越多的军机要事，都需通过电报传送。这样一来，电报负载的信息量加大了，只能传递短语的"暗号"不得不退出了历史舞台，取而代之的是专门用于电报的"密电码"。

　　根据现存清宫的军机处电报档案记载：最迟到光绪十四年（1888年），已经存在两种电报编码——"商码"和"署码"。"商码"

就是明码，主要用于商业或民间。当时电报虽然价格昂贵，服务却并不到位。电报局不负责译电，用户要拍发电报，必须自己按电码本将电文译为电码再交付发送，收到电报的用户也得自己翻译。所以，旧中国的各地电报局、各大书店都出售电码本，供用户译电时使用，结果培育出一个不小的市场呢！

而"署码"，则是总署即总理衙门专用的密码，也叫"加码"。所谓"加码"，就是在明码中加入数字，因而得名。清代电报，用阿拉伯数码作为笔画的代号输入汉字。比如6511、2894、5710就是"军机处"，每组数字加入一个常数，构成一组新的数字，起到汉字加密的作用。"加码"使用以后，电报可以传递更多的信息，但很容易被破译。"加码"的保密性能，不如"暗号"。

平心而论，清廷所使用的密电码，与后来第一次世界大战中无线电报的密电码存在很大差距。因为清廷密电码只是密电码的雏形，是一种简易密码，所以保密性能很差，远远不如暗号等其他加密手段。密电码不保密的漏洞，在很长一段时间，清廷还都蒙在鼓里。最早发现密电码有问题的人，是湖广总督张之洞。甲午战争前，张之洞就对密电码的编制提出了非常重要的建议，曾多次发电给总理

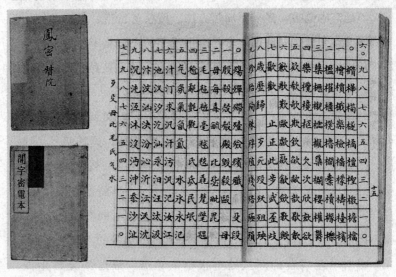

清宫使用的密电码

衙门，希望研制密电码。其中有一封电报很有代表性，说清廷密电码很容易被破解，应该马上加以改进，研制新的密电码。如果清廷能够采纳张之洞的建议，早一些研制真正起作用的"密电码"，李鸿章在日本的谈判，至少不会完全陷于被动，中国可以减少许多损失。

显然，张之洞的提议并未真正引起总理衙门的重视。虽然清廷密电码也作了一些小打小闹的改进。如从光绪二十六年（1900年）开始，清廷加快了密电码更换的频率。紧接着，密电码由加码改为减码，后来又发展为加减码，但始终没有根本性的改变。直到宣统年间，清政府才真正感到问题的严重，委派邮传部官员周万鹏等人参加万国电报公会，准备提高密电码的保密性能。周万鹏回国后还翻译了《万国电报通例》，并做了一系列编制密电码的准备，但为时已晚。

一年以后，清廷密电码，携带着瞒过世人耳目的种种秘闻，伴随着满清王朝，永远退出了历史舞台。

阿哥种痘

"种痘"，就是人工接种天花疫苗。为了保证种族永昌，康熙时开始，宫中就形成了阿哥种痘制度。通常阿哥出生不久，就要种痘，使其对天花具有免疫力。本文这位年仅两岁的种痘阿哥，是乾隆皇帝的第十五个儿子，也就是后来的嘉庆皇帝。

乾隆二十八年（1763年）仲春的一天，皇家禁苑圆明园"五福堂"、"竹深荷净"一带突然热闹起来，只见首领太监带领一伙工匠，在各处挂锦搭坊、结彩布置。随后，内务府总管内监桂元也来了，招呼人将"五福堂"的正房，布置上了供桌、围屏，奇怪的是，连门窗都用青毡、红毡封得严严实实。

热闹过后，所有的人员迅速撤离。不久，有一队人悄悄进入该地。这一队伍由十个太监、四个御医组成，领队的正是内务府大臣桂元。这些人进入后，除了昼夜分班打牌外，就是隔一段时间往那间被毡子封得死死的房子里跑。

这件诡谲的事情，引得园内议论纷纷，有新来的小太监还偷偷跑去观望，回来向大家学说"五福堂"内的种种怪异，尤其是那间被神秘化

圆明园五福堂

据档案记载，内务府特拨"金面百分"一份、"金面马吊"九份、元宝十挂，作为娱乐赌具与赌资。

的暗室。这时，旁边一个见多识广的老太监轻声呵斥道："少见多怪，那是阿哥在种痘。"

"种痘"，就是人工接种天花疫苗。

清初，天花大流行，那时医疗技术水平差，无法抗拒，连大清皇帝顺治都死于天花。康熙皇帝虽然侥幸从天花死神手里捡回了性命，脸上却永远留下了麻子。而民间死于天花的就更多了。为了保证种族永昌，康熙时开始，宫中就形成了阿哥种痘制度。

通常阿哥出生不久，就要种痘，使其对天花具有免疫力。

清宫阿哥种痘制度神秘而严密。首先钦天监要选种痘的黄道吉日，报皇上批准。而后选择清静之地布置暗室，所有门窗都被封死。据说种痘期间，阿哥不能见日月星三光，否则不吉利。当然，油灯除外，不但要点，而且从种痘开始，就得长明不灭，否则也不吉利。

清宫中的"种痘"技术，是上辈流传下来的传统方法，就是将天花患者的痘痂收藏在罐内存放，种痘时，将其取出研成粉末，吹进种痘者的鼻子，使种痘者感染上天花，然后通过用药及精心的护

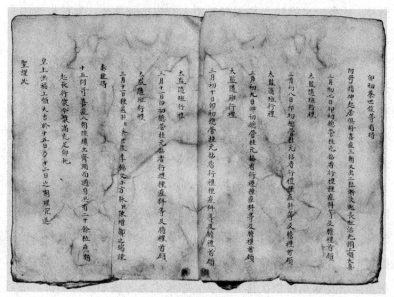

清宫十五阿哥种痘秘档

理，使种痘者安全度过感染期并得以痊愈，从此对天花有了免疫力。其中，精心护理是关键。为此，通常由皇帝下令临时组织阿哥种痘护理小组，由太监与太医组成，日夜轮流值班，二十四小时监护，随时向皇帝、太后、皇后奏报阿哥种痘的临床情况。内务府与太医院每天都要做详细记录，建立阿哥种痘病历档案。

本次入住"五福堂"的种痘阿哥，才两岁，一直在小黑屋里住了近二十天，从吹植痘种，到第一个喷嚏（感染上天花的征兆），到出痘，到痊愈。除了坐更太监刻不离身外，查痘大夫每天数次临床检查，然后联名上奏，报告阿哥的情况。

除了医疗制度外，清宫阿哥种痘还有一整套的祈神制度。首先是祈圣，种痘前要设供行香祈求上天保佑。在"五福堂"的阿哥种痘祈圣仪式上，连皇后那拉氏和种痘阿哥的亲生母亲庆妃都专门从"天地一家亲"赶来行香。

阿哥种上痘后，紧接着是"供圣"仪式。内务府奏明皇上后，在"五福堂"后的"竹深荷净"明间布置殿堂，依次供奉天仙娘娘、瘢疹娘娘、眼光娘娘、痘儿哥哥、痘儿姐姐、药王、城隍、土地等诸神。内务府总管桂元每天都要率人前往拈香顶礼，为种痘的阿哥祈福。

当种痘阿哥度过安全期后，宫中还要举行盛大的"送圣"仪典。送圣仪式开始，皇后与贵妃前来探视阿哥回宫后，总管桂元身穿吉服，于各供神前行香，而后将各神一一从殿中请出、上轿。然后举行游行。仪仗队前，有引导首领太监、请轿、打执事、提炉的掌仪太监几十人，诸神的轿后是参与阿哥种痘护理工作的太医、太监们，另外还请来几十名中和乐的乐手。排好仪队，这支声势浩大的送圣队伍一路迤逦从"桃花春一溪"正门往南，由"九州清晏"后的韶景轩、果园岭出西南门。然后与门外恭候多时的一百六十多名护军校尉们汇合，一路笙管齐鸣，箫鼓动地，来到了西马厂。到达后，送圣队伍及众军校依次排开列队，掌仪太监将法船、马、轿、法器执事等物摆设好，总管桂元拈香行礼、奠清酒三盅。之后，四位御医及瞻礼首领太监等也列班行礼毕，送焚的仪式便开始了。就在西马厂纸船明烛照天烧送瘟神的同时，五福堂首领太监开始带人摘改清理各处挂锦吉坊等，五福堂又恢复了昔日的安静。

嘉庆幼年像

顺便说一下，这位年仅两岁、在"五福堂"成功种痘的阿哥，是乾隆皇帝的第十五个儿子，也就是后来的嘉庆皇帝。

清宫中的烟客

清朝入关后，前几位皇帝还严禁吸烟，嘉庆以后，烟禁完全放开。到了清末，清宫中的烟客不仅为男性，后宫女眷中比比皆是，最著名的当属慈禧太后。

乾隆五十八年（1793 年），英国特使马戛尔尼访华，随员中有位叫威廉·亚利山大的画家助手，此人根据一路见闻，画了一组图，并于嘉庆十九年（1814 年）正式出版，叫《中国人的服饰和习俗图鉴》。

该图鉴共 50 幅画，48 幅为人物画。人物上至皇帝高官，下至贩夫走卒、仕女稚童，70% 或佩戴或手持烟袋。书中感慨："人们难以相信，对于引入新事物是如此反感的中国人会在 3 个世纪中，将抽烟变成了一个普遍被人接受的习俗。然而情况确实如此：每个阶层的各年龄段的男人，各种社会背景的女人，甚至 8 至 10 岁的男女儿

《中国人的服饰和习俗图鉴》之卖烟杆的小贩

《中国人的服饰和习俗图鉴》之仕女

童，都随身备有抽烟叶的必要器具。中国人在逛街和从事几乎所有的职业时，经常是烟杆不离嘴的。"

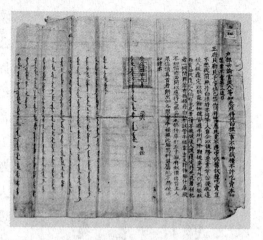

清太宗崇德四年禁烟告示

烟草起源于南美，明末清初由海上传入中国，名"淡巴菰"，乃西文 Tobacco 的音译。对这一外来事物，清廷一开始是坚决严禁的。

清入关前，已流行吸烟。那时吃烟是个奢侈的事，据薛福成后来记述，当初塞上"以马一匹，易烟叶一斤"。为此清太宗在崇德四年（1639 年）曾颁禁烟令。两年后，清太宗"见大臣犹然用之，以致小民效尤不止"，不得不开禁。

清入关后，前几位皇帝还在努力恪守祖训，严格执行吸烟禁例。

顺治帝没有染上烟瘾。而康熙帝，则是当上皇帝后戒了烟。他在《庭训格言》中说："……然朕非不会吃烟，幼时在养母家，颇善于吃烟，今禁人而己用之，将何以服人，因而永不用也。"康熙帝南巡时，发现大臣史贻直和陈之龙嗜烟如命，成天烟袋不离手，遂决定拿这两人"开刀"。康熙帝驾临山东德州时，宴会上特赐这二臣水晶烟管各一支，允许他们公开抽烟。两人大喜过望，马上装烟点火吸用，岂料刚用力一吸，火焰即随管上升，发出一声爆裂，几乎烧及嘴唇，吓得连忙放下，不敢再吸。康熙帝遂藉此传旨天下禁止吸烟。当时学士蒋陈钧有纪实诗道："碧椀冰浆潋滟开，肆筵先已戒深杯。瑶池宴罢云屏敞，不许人间烟火来。"

雍正时，宫禁开始松弛。雍正十三年（1735 年），大臣张文斌曾上奏报告："今看得，乾清门大臣、侍卫及内太监等，俱于各自地方

乾隆《大清律例》规定：凡紫禁城内及仓库、坛庙等处，文武官员吃烟者革职，旗下人枷号两个月，鞭一百；民人责四十板，流三千里。又紫禁城内大臣侍卫吃烟者，派出看门护军查拿被获，除照例议罚外，照其官职加取一个月俸银给与拿获之护军。跟随人被获，除照例责打外，亦向伊等之主取一月俸银给与。如护军校不行拿获，革去护军校，不准折赎，鞭一百，枷号两个月。护军不行拿获，鞭一百，枷号五个月。闲散执事之人照例鞭一百。

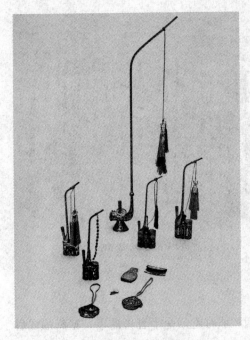

清宫藏水烟袋及其配套用具

吸烟者极多，并无忌惮，公开吸之。大臣等不管教侍卫等，总管太监等亦不约束太监等，均习以为常。乾清门外大臣、侍卫、官员、柏唐阿等俱随意吸烟，亦无管教之人。大臣等系经管之人，理应遵循戒烟之例，从严管教才是，今反由属下取烟吸之，属下吸烟亦不以为然。据此可知，其它之事亦不管不问。前虽有吸烟者，尚隐蔽而吸，今亦不顾刮风之日，俱随意如此吸烟。"

至于乾隆帝，本人曾"嗜此尤酷，至于寝馈不离"，后来因此患上肺病，才下决心戒掉。乾隆元年（1736年），方苞奏请禁种，未被批准。之后还有大臣几次奏请禁烟，乾隆皇帝均不置可否。当时，"北京达官嗜淡巴菰者十而八九"。乾隆年间主持编《四库全书》的纪晓岚，据说烟瘾很厉害，人称"纪大烟袋"，常常清早从城里坐轿到圆明园见皇帝，为了解决路上吸烟的问题，特制硕大烟锅，装一锅就可以从城里吸至城外。对于宫中禁烟之令，纪晓岚不以为然。《南亭笔记》记载：一次纪正在翰林院中吞云吐雾，忽报皇上驾到，仓皇藏避不及，便将烟袋藏到靴勒中，时间长了靴子着火冒烟，伤及肌肤，只好如实禀报皇上。乾隆帝大笑，竟赐他烟斗一枚，准其今后在馆吸烟。纪氏诙谐，遇人常自称"钦赐翰林院吃烟"。

嘉庆以后，烟禁就完全放开了。

到了清末，清宫中的烟客不仅为男性，后宫女眷中也比比皆是。

最著名的当属慈禧太后。慈禧嗜水烟，故宫博物院内还藏有她用过的水烟袋遗物。据清内务府档案册记载，在慈禧的随葬品中有铜水烟袋、银水烟袋和银潮水烟袋。《宫女谈往录》记载，慈禧吸水烟很讲究，火石、蒲绒、火镰、火纸、烟丝、烟袋，一个都能不少。慈禧太后吸烟，都有小太监把仙鹤腿水烟袋捧在手里，随时装烟，吹点火的纸媒儿，还要掌握好点烟的时间。水烟袋发出"咕噜噜""咕噜噜"的声响，犹如鸟啼凤鸣，听起来倒也十分悦耳。

女人吸烟一定别有风韵。试想一二百年前，你走在大街上，迎面一位婀娜女人，手持烟杆，烟视媚行，与你擦肩而过，你会不怦然心动么？威廉·亚利山大一定有过这种体验。

19世纪中期市井画——一个手持烟袋的妇女烟视媚行地走过（西洋人绘）

清宫中的鼻烟壶

自康熙后，历朝清帝都是鼻烟嗜好者兼鼻烟壶的收藏爱好者。初到中国的西洋人，以及文武大臣觐见皇帝时，也往往以鼻烟为见面礼。鼻烟壶由于具有艺术及经济价值，也成为官场中行贿送礼的重点。不仅如此，甚至还成了敲诈的对象。

康熙四十九年（1710 年）六月二十六日苏州织造李煦奏进鼻烟壶等物奏折及康熙帝的朱批

乾隆钦定《职贡图》之"英吉利国夷人"。图中一男持一瓶，可知当时其国以进贡鼻烟壶而闻名

鼻烟起源于欧洲，17 世纪初传入中国。康熙朝虽三令五申禁止国人吸食点火的叶烟，却并不禁鼻烟。自康熙后，历朝清帝都是鼻烟嗜好者兼鼻烟壶的收藏爱好者。清宫的鼻烟主要来自广州。康熙朝粤海关监督的奏折中，多有进贡鼻烟的记录；雍正朝以后，逐步形成定例：每年粤海关贡鼻烟两次，每次两箱（八大瓶），直至清末。此外，南方各省的总督、巡抚，每逢三大节也多有进贡鼻烟者。初到中国的西洋人，以及文武大臣，觐见皇帝时，也往往以鼻烟为见面礼。

清宫中鼻烟壶制作起自康熙朝。康熙时大臣王士禛

《香祖笔记》中记载："近京师又有制为鼻烟者，云可明目，尤有辟疫之功，以玻璃为瓶贮之。瓶之形象，种种不一，颜色亦具红紫黄白黑绿诸色，白如水晶，红如火齐，极可爱玩。以象齿为匙，就鼻嗅之，还纳于瓶。皆内府制造，民间亦或仿而为之，终不及。"清宫内务府鼻烟壶制作品种多样，有珐琅、玉、瓷、牙角、竹木、漆、玻璃（水晶）等品种。清朝皇帝不仅收藏鼻烟壶，而且亲自介入内务府鼻烟壶的设计制造。乾隆三年（1738年），乾隆皇帝命令宫内玉作承造玉烟壶35件，经过两年多才完成。

清代鼻烟壶的制作工艺十分先进。清代学者赵之谦在《勇庐闲话》一文中写道："时（康乾之时）天下大定，万物殷富，工执艺事，咸求修尚，于是列素点绚，以文成章，更

清宫鼻烟壶

创新制，谓之曰套。套者，白受彩也，先炎之质曰地，则玻璃砗磲珍珠，其后尚明玻璃，微白，色若凝脂，或若霏雪，曰藕粉。套之色有红有蓝……更有兼套曰二彩、三彩、四彩、五彩或重叠套，雕镂精绝。康熙中所制浑朴简古，光照艳烂若异宝。乾隆以后，巧匠刻画，远过詹成，矩凿所至，细入毫发，扪之有棱，龙凤盘螭，鱼雁花草，山川彝鼎，千名百种，渊乎精妙。"当然，宫中鼻烟壶的制作数量也大得惊人。有人做过估计：宫中鼻烟壶制造在三四万件。两百年间各地官员贡入的烟壶也在上万件。这些烟壶，从档案记载上看，一部分赏赐给了文武官员、皇亲贵戚、外国使节，其余则被置于各个宫殿供皇帝使用与欣赏，或收藏入库。

清宫鼻烟壶

鼻烟最初是有钱人的消费，《广东通志》载："鼻烟初至，一小瓶价二百元。"清人震钧《天咫偶闻》记载光绪初年京师有个周乐元，画鼻烟壶堪称绝技。他活得并不长，一生所画不到百枚。死后不久，一枚就已卖到数十金。而宫中的制作，无论从材质到工艺，更是一掷千金，不惜工本。

另外，壶中的鼻烟也价值不菲。《清代之竹头木屑》中记：耆英做两广总督时，用度奢汰。每吸鼻烟，辄以手一抓获一把，在鼻下一抹，烟沫狼藉遍地，那可都是上品的鼻烟。有个侍者，比较有心眼，在旁边随时收拾存贮起来。后来侍者家道贫落，将原来拾贮的鼻烟拿到市场上卖，竟获数百金。

鼻烟壶既是艺术品，也是时尚的标志。很快，鼻烟壶走出宫中，开始只在八旗及士大夫中流行，后来则无论朝野，贩夫走卒，都手握一壶了。一时间，佩戴鼻烟壶甚至比佩玉更加普遍。鼻烟壶的流行，折射了清代社会生活的各个层面。

许多人迷信它有祛邪吉祥的功能。因此社会上关于鼻烟的传奇故事也大量产生。清人孙静庵《栖霞阁野乘》就记载：一名小官吏，一直不得铨选外放，生计贫困，百方借贷，后来自己来到西城外丛林中想上吊自尽。突然看见一伟男子从林后走出来，龙颜虎步，顾视非常，问他为何要自缢。听了他的倾诉，伟男子就笑着说："这有何难？"说罢，递给他一个白玉鼻烟壶，说："明日持此至吏部大堂求缺，不得者不出也。"这人第二天衣衫褴褛地到了吏部，吏部的人都怀疑他是疯子，正要捉了送到有司那里，忽然翎顶辉煌者数人出，看见他手中的鼻烟壶，就恭敬地放在堂上下拜，说这是皇帝的东西，你怎么得到了？这人结果就得到了一个肥美之缺上任去了。

鼻烟壶由于具有艺术及经济价值，也成为官场中行贿送礼的重点。不仅如此，甚至还成了敲诈的对象。清人笔记《杌近志》中载：清道光时，有位姓何的，嗜好鼻烟，每行必携精美古壶十数具，壶中皆贮美品。一日入城，尽被崇文门的门兵抢去。一个姓周的朋友听说后，给他出了个主意，将疥痂研成沫装入鼻烟中，灌了八九壶，伪装成过客入崇文门。门兵发现了鼻烟壶，再次行抢。十个多月后，姓周的路过崇文门，见众门兵都满脸疥疮，因而大笑。众门兵询问，得知缘由，不由大怒。姓周的恐吓众门兵："你们别撒野，现在疥疮已到了内脏，赶紧忏悔还来得及，否则就成了烂鱼了。"众门兵害怕了，跪在地上请饶，并发毒誓。姓周的将解药发给众人，不几天，疥疮都好了。从此门兵敲诈行客的气焰也稍稍收敛了些。

清人笔记还记载：满洲人吉庆做广州知府时，非常爱惜名声。做了几十年官，以清廉自居。后来因官场倾轧，被广东巡抚秘密奏参，诬为贪官。吉庆不堪因服铁锁、吏隶呵斥之辱，欲引佩刀自杀，被人制止，竟取下随身的鼻烟壶，吞而自杀。

——小小鼻烟壶，有时也能杀人于五步之内呢！

清宫与寿山石

在清代，寿山石在宫中受宠。由于寿山石的珍贵，一些文武大臣为了讨好皇帝，常常会将手中收藏的寿山石珍品进献。寿山石可用来雕刻人物、盆景、文房用具等，但其中的精品，却是用来镌刻帝王宝玺的。

清宫档案记载：乾隆十三年（1748 年）八月的一天，乾隆帝忽然下令内务府大臣海望传旨内务当差的定长，让告诉其父闽浙总督喀尔吉善"造办处所用五色寿山石，要多少，送多少来"。三个月后，喀尔吉善差把总陈廷昆送到各色寿山石大小 25 块，共重 700 斤。这些寿山石被用来做宫中装饰隔扇。

寿山，位于福建福州城北六十里的芙蓉峰下。一千多年前，寿山石雕出现。由于寿山石色彩艳丽，石质温润，多用于雕刻艺术品。早在明代，宫中已出现寿山石雕刻。但寿山石在宫中受宠，却在清代。

明末清初，寿山石进入了一个开发的高峰期，充足的石源足以供给广泛的传播与鉴赏。文献记载，在福州甚至更广阔的地域空间里，已实际存在着一个不断扩大的赏石、玩石的群体。

康熙六年（1667 年），福建侯官县著名学人高兆（字云客）自浙江回乡，受友人"怀瑾握瑜（指把玩寿山石），穷日达旦，讲论辨识"的影响，卷入"寿山石热"中，历时一年，写就世上第一部寿山石文化专著《观石录》。二十年后，一位名叫毛奇龄的老先生游历到寿山，客居福州开元寺，也被卷入了当时榕城的寿山石热潮，成为寿山石的收藏家和鉴赏家，写了《后观石录》。这个毛老先生在清代很有名，康熙十八年（1689年）举博学鸿词，被授翰林院检讨，一生著述很多，被后人视为乾嘉学术的开山祖师。前后两部观石录的问世，在社会上掀起了世人争玩寿山石之风。

当然，还有市场的作用。《观石录》记载，在寿山，石农们已在"逵路之间，列肆置侩"。寿山石甚至被贩到更远的地方，包括流入北京。《后观石录》记载说当地有个姓陈的公子，背着干粮进山找到了许多好石头，运到北京卖到"千金"天价。

清时雕师因材施艺的水平普遍比前代提高了，能按寿山石材的形态、色质的不同，分别雕制印章、人物、动物、文具、器皿。据毛奇龄《后观石录》所云，在他收藏的49枚寿山石印章中，单是兽钮就有螭虎、辟邪、狻猊、青羯、天马、獬貂、貔、貘等20余种钮式，如果以立、卧、蹲、倒等姿态细分则更多。此外还有山水、花鸟、人物、博古等钮式。

清代出现了一些寿山石雕刻大师。如杨玉璇，康熙年间漳浦人，客居福州，精于寿山石人物、兽钮的雕刻。他首创了"审曲面势"的雕刻法，根据寿山石的丰富色彩依色巧雕。他构思精妙，刀法古朴，是公认的寿山石雕的鼻祖。与杨玉璇同时代的另一位石雕大师是周彬。

寿山石刻"雍正尊亲之宝"

周彬又名周尚均，喜用夸张的手法刻兽钮，使其形态与众不同；印旁的博古纹多取青铜器纹样，并在纹中隐刻双钩篆字"尚均"，其精细的雕风令人叹服。精美逼真的雕刻，更增加了寿山石的艺术价值，成为人们追逐收藏的对象，使社会上收藏寿山石成为一种时尚。

在清代，宫廷得到寿山石的渠道，除了内务府承办采买，更多是来自官员的进贡。福建地方官员通常会以寿山石作为进贡之品。如康熙五十二年（1713年）闽浙总督范时崇在给皇帝的密奏中提到"今差家人王宗赍寿山石器共百件有余，命臣弟参领臣时御代臣恭进"。

另外，由于寿山石的珍贵，一些文武大臣为了讨好皇帝，常常会将手中收藏的寿山石珍品进献。在乾隆四十九年（1784年）前兵部侍郎史奕昂的一份带贡单上，"田黄寿山"被排在第一名，同单开列的还有"宣窑"、"哥窑"磁器，唐李思训，宋赵大年，元赵孟頫、黄公望，明文徵明等人的书画。田黄排在首位，可见当时的价值还在后列者之上。

到底清宫中有多少寿山石雕刻，谁也说不清楚。乾隆九年（1744年），苏州织造海保为内务府承办的各种丝织品中，一次就做了"大红寿山石香袋壹百个"、"大绿寿山石香袋壹百个"，被收放在乾惕堂。这些不过是用来保存宫中寿山石把件的，可见当时寿山石之多。

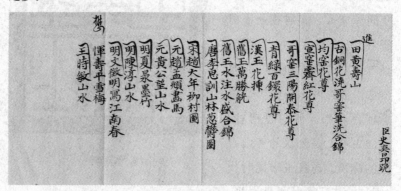

史奕昂进贡乾隆皇帝的礼单

宫中寿山石雕刻的范围很广泛。可雕刻人物，如罗汉、仙人等；作盆景、插屏、山子等大型陈设摆件。此外，还有笔架、笔头、水盛、镇纸等文房用具以及专门用于镶嵌装饰的雕刻。

但其中的精品，是用来镌刻帝王宝玺的。宝玺是皇帝君权的象征。清代皇帝往往喜欢用寿山石来镌刻自己的宝玺。

康熙皇帝一生共制130多方印，实物现虽大部分已无存，但从清宫秘档的记载中可找到记录。清宫内务府的《活计档》中记载：雍正元年（1723年）"正月二十二日，怡亲王交六兽纽黄寿山石体元主人图书一方。……奉

寿山石刻"雍正敕命之宝"

旨：万机余暇字照体元主人图书式样另寻寿山石补做一方"。档案中的六兽纽"体元主人"为田黄石印，是康熙帝常用的小玺。而后改刻的螭纽"万机余暇"印则是康熙时就已雕好印纽放在活计库中的备用之物。

雍正皇帝继位不久，便开始大量制作御用宝玺。据清宫《活计档》记载，从雍正元年正月十七日开始，至十月，先后雕刻了"雍正敕命之宝"、"雍正御笔之宝"、"朝乾夕惕"等84方宝玺，其中多

用五色寿山石雕刻。

乾隆皇帝寿山石宝玺并不多，但走精品路线，多用田黄石。故宫现存有田黄三连印，用一整块田黄石刻成三颗印章，并由三条连环联接起来，印文分别为："乾隆宸翰"、"惟精惟一"、"乐天"。

康乾时期清宫内务府聚集着一大批能工巧匠。在内务府下养心殿造办处下面的"牙作"、"砚作"当差的南匠中有不少江南著名的雕刻家，他们吸纳了民间的艺术技法，又融入宫廷气象，使寿山石

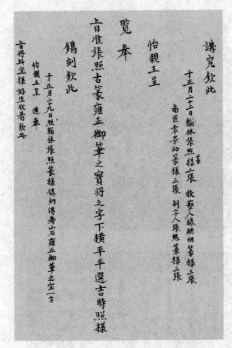

清宫《活计档》中有关寿山石雕刻雍正宝玺的记录

雕刻作品较民间更上一层楼。偶尔，我们还会在古老的清宫档案一角里，发现他们的名字。让我们记住他们吧：技艺人张继祖、南匠袁景勋、刻字人张魁。

趣话清帝御匾

清帝大规模写匾是从康熙开始的，御赐匾最多的则属乾隆。而到了嘉庆、道光时期，由于国运开始走下坡路，御匾写得少多了。到了同治、光绪年间，御匾又开始时髦起来。慈禧也是个好赐匾的人。御笔匾字，皇帝通常会亲自挥毫。光绪帝与慈禧太后等书法能力有限，就叫翰林们写好了字，然后自己在上面透过纸绢来描。

《清野史大观》记载了这样一则趣事：乾隆年间，权臣和珅大兴土木扩建豪宅，在廷院竹篁深处建凉亭一座，尚未题亭额，思量着请哪个名人题个字。那时朝廷上下最有名的当属大名士纪晓岚。别看这个"纪大烟袋"说话结巴、相貌古怪，又高度近视，但学问十分了得，还是《四库全书》总裁、士流的领袖，所以坊间都认他题的字。听和珅亲自来求字，纪晓岚爽然答应，题了"竹苞"二字。字写得没挑，词也雅，不仅应了亭子四周的竹林景色，而且很有出处——来源于两千多年前的《诗经·小雅·斯干》"如竹苞矣，如松茂矣"之句，人们常以"竹苞松茂"形容家族兴旺，像谁家新府落成都用这个祝语。因此，和大人很高兴，于是命人挂额上亭，每每向人炫耀。一次乾隆帝幸临和府，走到亭前，见到那题字，便拈髯轻笑，和珅不明就里。乾隆帝笑着说："你被纪大烟袋捉弄了，他是在骂你们全家个个草包呢！"从此，和大人对纪晓岚恨得入骨。

用匾额调侃人这等雅事，也就纪晓岚这等大雅之人才做得出，不过这从另一个侧面也反映了清代匾额艺术的发达。

匾额起源于秦汉，唐宋时期风靡盛行于全国。明清时期，匾额制作艺术高度发达，尤其清代御匾，不但在数量工艺上超迈前代，而且制匾、赐匾式艺和礼制也发展到顶峰。

据说，现存于世的"老匾"中，以清代匾数量及艺术含量最高，尤其是清御笔匾额最受推崇。前两年，一块乾隆帝的御匾已拍到了160万元。

五花八门的御匾

清代御匾一般分为两大部。一是宫中用匾，主要为紫禁城中及各处皇家宫苑（包括行宫、陵寝等）的宫殿门楼匾牌等馆室名匾，以及室内挂的各种装饰性的词匾。二是赐匾，即皇帝赐给臣下的礼品性匾额，包括御赐朝鲜、琉球等国王匾。当然，更多的则是各地城工、庙宇、书院等建筑名匾及词匾，还有赐给个人的斋馆名匾及词匾等。清代皇帝御书匾中各种功能的匾额所占比例不同。以宫中秘档记载来看，道光十七年（1837年），道光皇帝共写过29块匾，其中宫中各处用匾17块，占总数的60%；御赐各地请讨庙宇匾7块，占24%；御赐大臣等寿匾3块，占10%；赐外藩国王匾1块，占3%。

无论宫匾还是赐匾，都要按请匾手续来办。如果是宫匾，就由内务府总管上奏；而地方请匾则由地方最高长官，通常是总督或巡抚上奏请匾。请御匾是个很严肃的事情，理由要充分，比如哪儿一新开工的建

乾隆八年十一月湖南巡抚蒋溥为岳麓书院请匾的奏折

筑落成了，哪个官员立功了，地方上哪个老人活过了一百岁、"五世同堂"、"亲见七代"了，也可请匾。通常，在请匾奏折中一定要附带注明请匾内容、数量和尺寸。清宫《上谕档》记载：嘉庆十年（1805 年）十月，西宁办事大臣玉定奏报慧觉寺扎木穆扬呼图克图为祝皇帝万寿（生日）捐资建造佛塔，请求赐御匾。但玉宁没有将佛塔的规模与尺寸详报，也没提到所请匾额的尺寸，嘉庆帝很生气，叫军机处传谕玉宁，警告后要求他从新将佛塔的各种数据包括所请匾额的尺寸重新报一次。

这里的立功不单指军功，比如像《四库全书》这样的皇帝指定的文化工程完竣，参与的官员也可请匾。

清帝大规模写匾是从康熙帝开始的。从宫中杂档记载看，他一生中仅给五台山各寺庙就写过 46 块匾。相比之下，雍正帝就更了不得了。清宫中有这么一份档案，记载雍正做了皇帝后，下令各地将他做亲王时所写的匾都收回宫中，好家伙，一共收回了 458 块匾。所送的对像，上至国舅、大臣，下至吏目、贡生。不过，清代皇帝中御赐匾最多的则属乾隆。这和他在位时间长，加之好大喜功不无关系。而到了嘉庆、道光时期，由于国运开始走下坡路，御匾写得

笔者一向坚持认为，清帝中雍正的书法最好，他好写匾当然可以理解。

乾隆帝在位 60 年，又当了近 4 年的太上皇。

养心殿西暖阁"勤政亲贤"匾为雍正帝御笔

即使在今天看来，宫中现藏的嘉庆、道光两位皇帝朱批御笔，的确称得上拙陋。

少多了，这也和他们对书法并不热衷，字比较差劲有关。这种衰败现象在咸丰时期得到了扭转。别看咸丰帝虽然脚有些蹁跹、脸有些麻，但他的字却拿得出手，因此御笔匾额写得不少，他在位共11年，写了660块匾，而他的父亲道光皇帝在位30年只写了437块。到了同治、光绪年间，皇帝御匾又开始时髦起来。但这里有个隐情，同治、光绪做皇帝时候还很小，字都认不全，更别说写匾了。至于慈禧，也是个好赐匾的人，她的字是后来练出来的，觉得拿得出手时，才亲自上手写。也就是说，这些孤儿寡母的御匾，大都是由南书房的翰林、上书房的文学行走们代笔。不只是匾额，其他御笔作品，也都由这些词臣代笔。从光绪年间的一份档案上看，南书房、上书房一次就代笔写得颐和园乐寿堂、宜艺馆、文德楼、对鸥坊等处御匾、对联136块。由于代笔辛苦，光绪帝还下旨各赏卷袍褂料及普洱茶等。

清代皇帝御匾的繁衰兴败走势主要受两方面的影响。一是宫苑不断扩建，对御书匾额的需求量也相对增长。乾隆、咸丰及后来的光绪年间，宫苑重建、扩建工程，都刺激了御书匾额的需求。另外，清宫的查匾、换匾制度也推动着清朝御书匾额不断推陈出新。清宫每年都要对宫中各处匾额进行清核，御书匾额转挂别处或换新匾的情况很普遍。还有就是地方官员迎合上好，想方设法请匾。比如同治初年，太平天国运动被镇压，曾国藩、李鸿章、左宗棠等一会儿为部下军功请匾，一会儿为某一重建小庙请匾，由于皇帝正在兴头上，都一一答应。到了光绪时期，请匾制度不严格了，连华人在日本长崎重修文庙也要请匾，还有的官员40岁就请寿匾。总之，滥得一塌糊涂。

需要说明的是，在清代，一匾多用批量生产下发的情况也很多见。如咸丰十一年（1861年）咸丰帝驾崩后，小皇帝同治登基。按惯例，每一次新皇帝登基都要写御匾颁挂于文庙，当时同治帝才6岁，笔都抓不稳，更别说写匾了，于是由南书房翰林代笔，由内务府造办一份悬于太学（国子监）文庙中，同时分抄匾样交军机处办理，由曲阜衍圣公孔繁灝领回制造，并恩赐其墨笔匾样不用缴回，可由孔府收藏。另外还叫武英殿将御匾字样摹勒，遍发全国各直省府州县学悬挂。

清宫常例，凡是皇帝的御笔只字片纸都要缴回。

严格规范的制作工序

清代皇帝的御书一般喜欢做成匾式，以两字、三字、四字匾最为常见。字数再多的御笔作品，不适合做匾，一般会做成横披贴落、挑山贴落等形式。清帝御书匾额的书写，有其严格的程序——一般是皇帝先下旨出个题目范围，让南书房的翰林们去拟选词句，恭抄在黄纸片或黄纸折上供皇帝圈选。这个过程宫中称"上黄片"。皇帝根据自己的喜好，在词臣所上的黄片上，用朱笔圈选中意的词句，这个过程叫"圈朱"。词臣上黄片与皇帝圈朱的整个过程，宫中专门术语叫"走单"。皇帝钦定好词句后，便传旨派人到内务府库或懋勤殿等处领纸墨，包括写字下面衬用的格子纸，格子纸通常由下面人根据旨意及字大小规格用灰线弹好暗格。

御笔匾字，皇帝通常会亲自挥毫。写好后，叫人直接拿到懋勤殿用宝。有时由于匾额所需字太大，皇帝一般不会写原大，而是写好后，叫翰林们去放大。清末，光绪帝与慈禧太后等书法能力有限，就叫翰林们写好了字，然后自己在上面透过纸绢来描。有时，皇帝

慈禧太后书写的"凤策扬辉"匾（悬挂于颐和园）

也让代笔者在其作品上"落臣款"。

据清宫档案记载，御匾的书写，布局上自有一套规定及术语。一般用"天头"、"地脚"、"开河"、"格"等术语来标明在纸上每个字书写的空间位置。

清帝御书多写在纸上或丝织品上，称"字条"。一般不落款而传旨用宝，清帝匾额通常用皇帝各自的"御笔之宝"，印宝在匾额的正上方，称"额章"。一般情况下只用一宝。慈禧是个例外，她通常喜欢匾额上用三方宝。我们现在看到的许多慈禧款的匾额，三个额章通常右边为"和平仁厚与天地同意"、中间为"慈禧太后御笔之宝"，左边为"数点梅花天地心"。匾额印通常在书写后就赴懋勤殿用印，但如果是做木匾，需要将皇帝指定的御章放大，制作宝样印牌，然后将原稿与宝样一齐交内务府造办处，由造办处刻篆填朱。

清帝御笔匾额制作，主要由内务府下的造办处承办。内务府造办处是专门承造宫中陈设的机构，根据工种下分各种各样的制作工坊，主要有如意馆、木作、刻字作、铜作、漆作、裱作等，康熙时期多达40个。除了宫中各处作、馆，南方的杭州织造、苏州织造、江宁织造等，包括两淮盐政、长芦盐政等处也承做宫中御匾。

至于地方上的御匾，一般是皇帝将匾额字样发到督抚手中，再由地方官员在当地选上好的工匠放样制作。如果是发往外藩的御匾，通常由内务府制造好，原装运送过去。

匾额字样有时是字条，有时是内务府做成的宣纸匾样。

养心殿匾额

意情兼达的匾词

清帝御匾代表了清代乃至中国历史上匾额艺术的顶峰。清帝御书匾额的制作十分讲究，从质材来看，主要有纸、帛、木、铜、金、石、玉、珐琅等。而御匾字体，则多与清帝的个人书法爱好有关，顺治、康熙以后崇尚唐后各家，如康熙、雍正帝学董其昌、乾隆好赵孟頫。清帝御书匾以楷书为主，兼行楷，也有行书。清代御匾，尤其是宫中用匾，通常为满汉文合璧，定制是左满（文）右汉（文），但也有出错的情况。乾隆四十五年（1780 年），内务府发现新建的热河避暑山庄外八庙的须弥福寿寺御匾为右满左汉。乾隆帝追查此事，但懋勤殿首领太监等承办人也都记不清了，没有记录可查，于是下旨改匾。

清帝御匾的造型多姿多态。通常来说，门匾、殿牌，一般用"朱漆、青地、金字牌"。殿外匾中最著名的如龙匾，各种室内匾造型更是变化多样。如有镜框匾、卷书匾等形式，其中以牌式的宫中称"一块玉"即是包镶匾式为主流。

清帝御匾的边框花纹装饰，有"万字不到头"、"九龙纹"等名目，最常见的是"灯草纹"等。从光绪末年一份记载修缮仪鸾殿各匾框花边的档案来看，全部 26 方匾，其匾纹名目就有"万福万寿"等 12 种之多。

清帝御匾文字词章内容，反映了封建统治者的思想意志。宫殿匾多表现正统思想。三大殿、后三宫、养心殿是清统治者理政的场所，其匾文多出自"十三经"中的《周易》、《尚书》、《诗经》等。如著名的太

太和殿中悬挂的"正大光明"匾为顺治帝御书

和殿正中的顺治帝御书"正大光明"匾,"正大"出自《周易·大壮》象曰"正大,而天地之情可见矣";"光明"出自《周易·谦》象曰"天道下济而光明"。

除了正统说教外,还有一些匾则带着淡淡的书卷气,即使是深宫内的匾额,其内容也会追求一种汉宫秋月、小桥流水的意境。如"山响琴清"、"云牖松霏"、"一壶天地"等。而圆明园、避暑山庄等处御书匾额则更向这方面倾斜。

此外,皇帝还喜欢用一些格言警句作为御匾词。如道光皇帝对自己的"动静须防一念差"情有独钟,从道光元年至三十年,先后写过九块匾,分别挂于养心殿等多处。

相对于宫匾来说,清帝赐匾遣词上似乎更自由一些,除了直接御书的宫斋馆庙名匾外,词匾选择自由度大,但也要有的放矢,不同的去处或不同的对象,匾的内容也要相应。外赐匾中,赐各种寺院的最多,如果是寺名匾,庙名前加"敕建"两字,如果是神牌,前加"敕封"字样。而寺院词匾,多用"大乘正觉"、"法华云液"等。如果是书院,则多用"理学传人"、"入圣阶梯"等。如赐地方官,文职多用"行省清标",武将多用"干城伟器"。如果赐八旗闲散人则用"眠云卧月",赐僧人多用"华藏禅林",赐老民则用"鼓腹升平"。不同对象用不同词章,灵活而有情致。

由于御匾需求量不断增加,后来皇帝和词臣们的学问又不如前辈,于是出现了匾词撞车的现象。如道光帝曾写过两个"绥疆锡祜"匾,分别送给两广总督耆英和四川总督宝兴做寿匾。到了同治、光绪时期,因为词不够用了,宫中匾额文字变得更平民化,慈禧干脆下懿旨,直接叫南书房的翰林们在黄片上拟写"吉祥话"。如咸丰皇帝所写养心殿东佛堂内的"永佑大清"匾,代表了清末吉祥话御匾的一种潮流。

除请匾、制匾外,迎匾、挂匾也都有相当严格的制度。嘉庆六年(1801年),一个当年刑部员外郎手下的长随被追查,他于乾隆四十七年(1782年)承办迎御匾事宜时,没有备办黄亭轿,而以五彩

道光帝一生写过
60块寿匾,其中"锡
祜"、"延祺"等词高
频率地出现过30多
次,当然送的是不同
的人。

花宁轿迎匾，同时所穿礼服也有违制，而被处分，可见制度之严。

　　另外，挂匾也很有讲究。比如山东泰山碧霞元君祠中清代列帝都有赐御匾，嘉庆十九年（1782年），嘉庆帝听说该祠中列帝御匾排列有问题，雍正帝的匾被挂在正殿当中，而康熙帝的匾挂在了旁边，于是专门下旨令山东巡抚查核此事。后经查明，该祠中康熙帝的御匾由于失火被毁，因此雍正帝的匾才挂在了殿中央。虽是虚惊一场，但可见皇帝们对御匾排列的郑重与小心了。

后记
脱节的阅读

阅读绝对是一种五味杂陈的体验。当然，总有人试图将这种体验分出个高低。

一位仁兄，过去是个愤青诗人，现是个疑似出世的佛经爱好者。一次他对我说，古人一生读书有三个境界，由低而高依次为：少年时，要成就功名，一定要找个荒郊破庙，外面一片孤坟，专拣深奥的经典，青灯冷蕈，日以继夜，囫囵吞枣，心无旁骛……那是苦读；中年了，事业小有成就，经济条件也好，一定要广厦高障，臂烛池墨，红袖添香，只看诗词传记，一目十行，不求甚解，读到会心处，一定要把盏频呼"痛快！痛快！"……那是乐读；老了，就一张椅子，在房后花棚豆架下，案上一本佛经，清茶邀月，目光基本在书上，总长时间出神，疑有狐媚或从墙头飘然而至……那是醇读。

我很向往那种传说中的阅读模式，是因为与之相比，我的阅读与体验很是脱节。少年时，我根本不懂四书五经，只看小说，看得天昏地暗、日月无光；人到中年，却与一些几百年前公牍档案，也就是古人说的"断烂朝报"打上了交道；至于将来老了如何，我也不敢奢望能达到先哲们的境界。

当然，又有人说，现在是 E 时代，有现代人的阅读层次，少年读动漫，中年读八卦，老年呢，则书已读尽——不读也罢。如此看来，我的阅读与之相较，还是脱节。

然则，是阅读就会有快乐，即使它是混乱的、脱节的。

在二十多年与枯燥的明清"断烂朝报"打交道中，我也曾每每体验到读诗词的冲动，读经典的会心，看动漫的惊奇……不知不觉中，将这些偶至的触动记录下来，集腋成裘，形成了前面的小册子。

就算是对脱节的阅读中一个个不期而至的小小快乐的追忆吧。

快哉！脱节的阅读！

胡忠良

2009 年冬于紫禁城西华门内